›Schicken ist fön‹ – das Aufklärungsbuch für den Mann, das Antworten auf Fragen gibt, die ihn schon immer bewegt haben. Ein Buch mit hohem Unterhaltungswert, in dem Männer eine Menge über ›Das Eine‹ und einiges über sich selbst erfahren. Souverän und mit wissenschaftlich fundierten Fakten begibt sich Hars auf ein Gebiet, das noch immer die größte Reibungsfläche zwischen den Geschlechtern bietet: Kann man einen vorgetäuschten Orgasmus erkennen? Warum können Frauen nicht zwischen Sex und Liebe unterscheiden? Sind Bässe besser im Bett? Sterben Blondinen aus? Kann man sich eine Frau schön trinken?
Wolfgang Hars sagt Ihnen, was Sie wirklich wissen müssen! Ein kurzweiliges Buch zum Thema Nummer eins – nicht nur für Männer.

Wolfgang Hars lebt und arbeitet in Frankfurt am Main. Im Fischer Taschenbuch Verlag erschienen ›Lurchi, Klementine & Co.‹ (Bd. 15074) sowie sein Bestseller ›Männer wollen nur das Eine und Frauen reden sowieso zu viel‹ (Bd. 15695).

Unsere Adresse im Internet: www.fischerverlage.de

Wolfgang Hars

Schicken ist fön

Ein Aufklärungsbuch für Männer

Fischer Taschenbuch Verlag

Veröffentlicht im Fischer Taschenbuch Verlag,
einem Unternehmen der S. Fischer Verlag GmbH,
Frankfurt am Main, August 2004

Lizenzausgabe mit freundlicher Genehmigung des
Argon Verlags, Berlin

Druck und Bindung: Druckerei C. H. Beck, Nördlingen
Printed in Germany
ISBN 3-596-15887-7

Inhalt

Vorwort

Es gibt Momente im Leben eines Mannes, die er überhaupt nicht mag. Zum Beispiel, wenn die Frau, Mutter oder Freundin mit dem neuesten Bestseller zum Geschlechterverhältnis unter dem Arm und einem bedeutungsvollem Blick daher kommt. Der wird dann mit den Worten »Das MUSST du unbedingt lesen« überreicht. Die Kritik, die dabei in der Stimme mitschwingt, ist nicht zu überhören.

Bei Frauen erfreuen sich diese Ratgeber, wie jeder weiß, großer Beliebtheit und erreichen Millionenauflagen. Bei Männern, die bekanntlich anders ticken als Frauen, sieht das in der Regel nicht so aus. Wenn ein Mann zu einem solchen Buch greift, dann wird er das meistens mit wenig Begeisterung tun und bei der nächsten Gelegenheit doch wieder zur Sportillustrierten oder zur Fernbedienung wechseln. Was vielleicht daran liegt, dass dem Mann in diesen Publikationen unter anderem immer erklärt wird, warum er so ist wie er ist oder auch nicht (samt nützlicher Verhaltensregel, was er denn in Zukunft anders machen soll) und Männer – wie all diese Werke bestätigen – lieber selbst den Fachmann spielen als zuhören. Woran man schon erkennt, dass da etwas nicht zusammengeht.

Deshalb soll hiermit das erste Aufklärungsbuch für den Mann vorgelegt werden. Kein Ratgeber, stattdessen sollen einige der letzten unbeantworteten Fragen im Geschlechtsleben eines Mannes anhand harter wissenschaftlicher Fakten durchleuchtet werden. Und da Männer – anders als Frauen – bekanntlich einfache Antworten zu schätzen wissen, habe ich mich genau darum bemüht und niedergeschrieben, was die moderne Wissenschaft herausgefunden hat. Meine Erkenntnisse verdanke ich der Evolutionsbiologie, der Zoologie, der Statistik, der Medizin und der Psychologie. Die Ergebnisse der Recherchen klingen zwar manchmal abstrus, basieren aber alle auf seriöser wissenschaftlicher Forschung.

In diesem Buch geht es nur um das Eine, den Sex und was so alles dazugehört. Was wahrscheinlich wieder manches Vorurteil bestätigen und mir viel Kritik einbringen wird. Die vermeintliche Beschränkung hat aber schlicht und einfach den Grund, dass ich mich auf ein Thema konzentriert und nicht den Anspruch habe, das ganze große Feld der Aufklärung des Mannes in einem Rundumschlag abzudecken. Es geht ebenso wenig darum, zu beweisen, wer denn nun Recht hat und wer nicht, der Mann oder die Frau. Die Frauen spielen auch nicht die Hauptrolle, obwohl zum Geschlechtsverkehr bekanntlich immer zwei gehören und deshalb zwangsläufig viel von Frauen die Rede sein wird.

Sollten einige Passagen chauvinistisch klingen, kann ich dazu nur entschuldigend sagen, dass das nicht mein Ansinnen war und ich mich bemüht habe, möglichst objektiv zu bleiben. Die ernst gemeinte Entschuldigung dafür schon hier. Außerdem sei noch kurz die Anmerkung in den Ring geworfen, dass das, was da so in der höheren Frauenliteratur über den Mann berichtet wird, auch nur die eine Sichtweise wiedergibt.

Nachdem das erledigt ist, sei noch kurz erwähnt, dass man nicht jede Erkenntnis unbedingt allzu ernst nehmen und das Buch mit einem Augenzwinkern lesen sollte. Denn sobald ein Wissenschaftler eine neue Theorie entwickelt hat, kann man sich darauf verlassen, dass in drei Jahren der nächste schon wieder das Gegenteil behaupten wird.

WARUM FRAUEN ALLE AUF DEN GLEICHEN TYP MANN FLIEGEN, WELCHE ROLLE DAS EINKOMMEN SPIELT UND WIE WICHTIG MUSKELN SIND

Warum fliegen Frauen alle auf den gleichen Typ Mann?

Auch wenn Frauen es wahrscheinlich nicht gern hören, die Wissenschaft hat eindeutige Belege dafür gefunden, dass Frauen bei der Partnerwahl mehr auf das Urteil anderer Frauen vertrauen als auf die eigene Meinung. Zwei amerikanische Verhaltensforscher haben (politisch völlig unkorrekt) nachgewiesen, dass Frauen bei der Partnerwahl einer Art Herdentrieb folgen. Diesen Trend haben sie, etwas charmanter umschrieben, das »Gesetz der Aufmerksamkeitsökonomie« genannt. Und als Erklärung für dieses Verhalten hat ein englischer Biologe schon in den dreißiger Jahren des letzten Jahrhunderts die so genannte »Sexy-Son-Hypothesis« entwickelt.

In Kalifornien lebt eine Biologin namens Nancy Burley, deren Untersuchungen den großen Vorteil haben, dass sie von einer Frau stammen und deshalb über den Verdacht erhaben sind, einseitig Stellung zu beziehen. Burley hat Zebrafinkenmännchen verkleidet und dann die Reaktion der Finkenweibchen auf die Verschönerungsmaßnahmen bei den Herren beobachtet. Normalerweise hat ein gut gebauter Zebrafink einen roten Schnabel und orangefarbene Wangen, eine gestreifte Brust (genau, daher der Name), orange getupfte Unterflügel und senkrechte weiß-schwarze Striche über und unter den Augen. Was er im Gegensatz zu manchen anderen Vogelarten nicht hat, ist eine Haube auf dem Kopf. Eine solche hat Burley den Männchen künstlich verpasst. Die eine Hälfte der Finken bekam eine weiße Vogelkochmütze auf den Kopf gesetzt, die andere Hälfte einen nicht minder prächtigen roten Federputz.

Die schicken Mützen brachten allerhand Verwirrung in das Geschlechtsleben der Finken. Zebrafinkenweibchen haben nämlich sehr entschiedene Ansichten bezüglich solcher Schönheitsoperationen. Die hohen weißen Kochmützen fanden sie ganz hinreißend, und dementsprechend rissen sie sich darum, sich mit einem dergestalt ausgestatteten Herrn zu paaren. Den Finken mit der roten Mütze wandten sie dagegen nur noch die Bürzel zu und wollten nichts mehr mit ihnen zu tun haben. Nur wenn kein Weißbemützter griffbereit war, ließen sie sich notgedrungen auf eine Liebschaft mit einem Roten ein.

Welchen vernünftigen Grund können Finkenweibchen haben, auf weiße Kochmützen zu fliegen, wenn Zebrafinken in der Natur überhaupt keine Haube besitzen? Gar keinen, sagt Burley. Die Finkenweibchen hatten sich vielmehr in einem Akt kollektiver Übereinstimmung dafür entschieden, eine weiße Haube ganz besonders klasse zu finden. Einige wenige fingen damit an, und alle anderen folgten dem neuen Modetrend.

Der englische Biologe Ronald Fisher hat schon in den dreißiger Jahren des letzten Jahrhunderts eine Erklärung für dieses seltsame Verhalten gefunden und sie »Sexy-Son-Hypothesis« genannt. Sie besagt, vereinfacht dargestellt, Folgendes: Zu einer Zeit, da alle Weibchen weiße Hauben toll finden (vorausgesetzt, sie wären echt), würden die Weibchen, die gegen den Trend Männchen mit roter Haube erwählen, mit hoher Wahrscheinlichkeit Söhne bekommen, die ebenfalls eine rote Haube haben.

Was an und für sich nicht weiter tragisch wäre, wenn es nicht den eigenen Nachwuchs zu einem Leben in Abstinenz verurteilen würde, da die Töchter anderer Weibchen ja schließlich weiße Hauben bevorzugen. Nach der Theorie der sexy Söhne wählen Weibchen die Männchen entsprechend ihrer Farbenpracht, der Länge ihrer Schwanzfedern und der Virtuosität ihrer Darbietung auf dem Balzplatz aus, weil innerhalb der Art ein willkürliches Modediktat regiert, das niemand zu brechen wagt.

Das Experiment mit den Hauben bei den Zebrafinken brachte noch einen interessanten Nebenaspekt ans Licht: Normalerweise teilen sich Zebrafinken die Brutpflege und wechseln sich beim Füttern der Jungen ab. Wenn aber ein Weibchen einen der begehrten Weißbemützten ergattert hatte, legte es bereitwillig Sonderschichten ein und erlaubte seinem Gatten zu faulenzen – nur dass der Nichtsnutz nicht faulenzte, sondern sich mit anderen Weibchen herumtrieb. Wenn dagegen ein rot behaubtes Männchen es trotz allem doch geschafft hatte, eine Partnerin abzubekommen, stand es fortan unter dem Pantoffel und hatte so viel mit der Pflege und Fütterung seiner Sprösslinge zu tun, dass ihm überhaupt keine Zeit für außereheliche Affären blieb.

Wissenschaftlich belegt ist, dass Frauen gefällt, was anderen Frauen auch gefällt. Und das unabhängig von den tatsächlichen inneren oder äußeren Werten des in die engere Wahl gezogenen Mannes. Jedenfalls versichern das zwei amerikanische Verhaltensforscher, die nachgewiesen haben, dass Frauen bei der Partnerwahl einer Art Herdentrieb folgen und bei ihrer Entscheidung für oder gegen einen Mann mehr auf das Urteil ihrer Geschlechtsgenossinnen vertrauen als den eigenen Vorlieben oder

Abneigungen zu folgen. Frauen sollen danach das Bestreben haben, möglichst ökonomisch vorzugehen, um Zeit zu sparen und aus dem großen Angebot auch ja den Richtigen zu erwählen. Die Experimente erfolgten zwar anfangs nur im Fischversuch, aber der war zumindest repräsentativ, und als die Versuchsreihe später mit Frauen nachgestellt wurde, kam man zu dem gleichen Ergebnis.

Die oben genannten Schlussfolgerungen haben der amerikanische Biologe Lee Alan Dugatkin und der Psychologe Michael Cunningham gezogen, nachdem sie das Liebesleben von Guppys im Aquarium beobachtet hatten. Die Erforschung der Paarungsgewohnheiten dieser niedlichen Zierfische bietet den methodischen Vorteil, dass es sich dabei um eine ziemlich einfache Angelegenheit handelt. Alle Guppyweibchen sind sich nämlich darin einig, Männchen mit einem orangefarbenen Schuppenkleid besonders sexy zu finden. Der zweite Vertreter der Art, der graubraun geschuppte Guppy, gilt dagegen als wenig begehrenswert und wird von den Damen in der Regel einfach links liegen gelassen.

Mit einem schlauen Trick haben die Wissenschaftler dieses natürliche Auswahlverfahren hintertrieben. Sie sperrten ein Weibchen in ein Aquarium, in dem das zur Verfügung stehende

Männchenmaterial sich auf einen der wenig begehrten graubraunen Guppys beschränkte. Das gewünschte Ergebnis ließ nicht lange auf sich warten, mangels Alternative ließ sich das Weibchen von dem Graubraunen begatten, der zwar anfangs nicht wusste, wie ihm geschah, aber erfreut die Gelegenheit ergriff und mitmachte.

Spannender und der tiefere Sinn des Experiments war aber, was sich in einem anderen Teil des Aquariums abspielte, das durch eine Glasscheibe Einblick in den abgetrennten Bereich des Fischbeckens gewährte. Die ausgesperrten Weibchen durften hier dem munteren Treiben zusehen. Ein Umstand, der das gesamte Geschlechtsleben der Guppys revolutionieren sollte. Als die Männchen wieder gemeinsam mit den Damen planschen durften, waren nämlich alle Guppyweibchen plötzlich der Meinung, dass die zuvor noch unbeliebten Graubraunen ganz scharf seien; sie wollten sich nur noch mit ihnen paaren. Und das, obwohl wieder genügend orange geschuppte zur Verfügung standen, die auf einmal keine Chance mehr hatten.

Ein Phänomen, das im Tierreich weit verbreitet ist. Hennen zum Beispiel paaren sich mit größerer Wahrscheinlichkeit mit einem Hahn, der sich soeben mit einer anderen Henne gepaart hat. Als amerikanische Wissenschaftler eine ausgestopfte Birkhenne in das Territorium eines Männchens stellten, war dieses auf einen Schlag bei den Damen außerordentlich populär und der Hahn im Korb. Die ausgestopfte Henne lockte Weibchen in sein Revier, die sonst immer nur einen großen Bogen um seine bescheidene Hütte gemacht hatten.

Auch Wachtelweibchen lassen sich am liebsten mit Wachtelmännern ein, denen sie gerade beim Kopulieren zugeschaut haben. Schneehuhnweibchen sind sich ebenfalls in ihren Vorlieben einig: Wenn sich die Schneehuhnherren an bestimmten Orten versammelt haben, flanieren die Damen zwischen ihnen herum und picken sich für den Sex einen heraus. Dabei schaffen es ein paar wenige erfolgreiche Männchen, bis zu 80 Prozent der Hennen für sich zu begeistern. Die anderen Schneehühner stellen sich brav hinten an, bis sie an der Reihe sind, berichtet die Zeitschrift *New Scientist.*

Der folgerichtige Einwand, dass Frauen keine Fische oder Schneehühner sind, wurde von Dugatkin und Cunningham gleich mit entkräftet. Sie haben das Experiment am lebenden Objekt nachgestellt und Studentinnen einen Fragebogen in die Hand gedrückt, auf dem Angaben zur Attraktivität eines Mannes namens Chris standen. Auf einer Werteskala von eins bis zehn sollten Chris' Attribute beurteilt werden, nicht vergessen wurde auch die Angabe, wie viele der teilnehmenden Frauen Chris für einen besonders tollen Hecht hielten.

Pikant war, dass es Chris nicht gab und die Angaben zu seiner Person von den Forschern frei erfunden waren. Die Frauen machten fleißig ihre Kreuzchen, und am Ende folgte dann die Frage, ob man sich denn einmal mit Chris verabreden mochte. Ob dieses Ansinnen abschlägig oder wohlwollend zur Kenntnis genommen wurde, hing dabei weniger von Chris' Abschneiden auf der Attraktivitätsskala ab, sondern davon, wie viele Frauen bereits einem Treffen mit ihm zugestimmt hatten. Wenn die Frauen erfuhren, dass Chris besonders oft zum Rendezvous gebeten worden war, war das für sie ein gewichtiger Grund, dem ebenfalls zuzustimmen.

Um zu kontrollieren, ob sich keine methodischen Fehler eingeschlichen hatten, wurde das gleiche Experiment mit Männern gemacht, und aus Chris wurde eine Frau. Kurz gesagt, das Urteil über die Frau Chris fiel weit weniger deutlich aus. Starke Aufmerksamkeit anderer Herren konnte das Interesse hier nicht steigern, den Männern waren in der Regel die Attraktivitätswerte wichtiger. In Zahlen ausgedrückt, beeinflusste eine hohe Wertung durch die anderen Teilnehmer die Attraktivität nur durchschnittlich um einen halben Punkt, während das Interesse der Frauen bei guten Noten von der Konkurrenz zwei oder drei Mal so stark zunahm.

Im trockenen Fachjargon heißt diese Form der weiblichen Partnerwahl »Gesetz der Aufmerksamkeitsökonomie«. Der Vorteil soll in der Zeitersparnis liegen, weil aufwendige Tests entfallen. Bei Frauen sei dieses Verfahren besonders verbreitet, weil sie generell mehr darauf achteten, den Richtigen zu finden als Männer, die in dieser Hinsicht weniger wählerisch seien, fassen Dugatkin und Cunningham zusammen.

Wie wichtig ist das Einkommen?

Auch wenn es immer wieder abgestritten wird, die wissenschaftlichen Studien sagen alle, dass für Frauen materielle Werte beim Mann wichtiger sind, als es umgekehrt der Fall ist. In der Tierwelt ist die Faktenlage auch eindeutig, ohne gute Gene oder eine pralle Vorratskammer hat ein Männchen wenig Chancen beim schönen Geschlecht.

In der Wüste Negev in Israel leben die Graurückenwürger, niedliche Vögel, die es im Sommer besonders schwer haben und für die ohne ein gutes Einkommen bei den Frauen gar nichts läuft. Der Höhepunkt des Jahres ist für sie die Brutperiode, eine Zeit, in der die Würger mit der Familienplanung beginnen und dazu ein Vorratslager anlegen. Zu den begehrtesten Dingen gehören Beutetiere wie Schnecken oder nützliche Sachen für den Nestbau wie Federn oder Stofffetzen. Ein wohlhabender Würger kommt, wenn er fleißig ist, locker auf 90 bis 120 solch zweckdienlicher Dinge. Die spießt er dann auf Dornen und andere spitze Objekte in seinem Territorium auf und zeigt sie so den vorbeifliegenden Weibchen als Gehaltsnachweis vor. Die wiederum schauen sich erst einmal in Ruhe alle Schaufenster an und lassen sich dann bei dem Männchen mit dem tollsten Gemischtwarenladen häuslich nieder. Ein Würger, der nichts vorzuweisen hat, hat keine Chance und bleibt Junggeselle.

Zu schweren Ehekrisen bei den Würgern kam es, als der Biologe Reuven Yosef bei einigen Männchen einen Teil der Vorräte entfernte, bei anderen, schlechter situierten Vögeln dagegen dem Kontostand nachhalf: Alle betroffenen Weibchen packten ihre Sachen und zogen sofort um zu den Männchen mit der jetzt üppigeren Lagerhaltung.

Ähnlich hart geht es bei den afrikanischen Webervögeln zu. Wenn ein Männchen in seiner Nachbarschaft ein Weibchen entdeckt, dann lenkt es dessen Aufmerksamkeit auf sein gerade gebautes Nest, indem es sich mit dem Kopf nach unten vom Nestboden hängen lässt und dabei heftig mit den Flügeln schlägt. Was eine Art Test darstellt, denn nur wenn das Nest standfest genug ist, geht dabei nichts in die Brüche. Besteht das Männchen die erste Prüfung, nähert sich das Weibchen dem Nest, setzt sich hinein und überprüft die zum Bau verwendeten Materialien, indem es zehn Minuten lang darin herumstochert und daran zerrt. Sagt dem Weibchen das Nest nicht zu, fliegt es weg, um das Nest eines anderen Männchens zu inspizieren. Wenn sein Nest von mehreren Weibchen verworfen wurde, zerstört das Männchen sein Werk, und die Arbeit fängt wieder von vorne an. Die Weibchen regeln die Versorgung für ihre Jungen und geben attraktiven Nestern den Vorzug.

Skorpionsfliegen müssen dagegen erst mal ein anständiges Brautgeschenk mitbringen, bevor sie randürfen. In der Regel handelt es sich um ein totes Insekt, das als Nahrung dient. In der Zeit, in der das Weibchen das Insekt verspeist, kopuliert das Männchen mit ihm und lässt währenddessen sein Hochzeitsgeschenk noch nicht völlig los, damit sie nicht abhaut, bevor er fertig ist. Geschickterweise haben die Männchen aber gelernt, ein Brautgeschenk auszuwählen, für dessen Verzehr das Weibchen etwa 20 Minuten braucht, was genau der Zeit entspricht, die das Männchen benötigt, bis es mit seinem Anliegen abgeschlossen hat. Ist das Geschenk zu klein geraten oder zu schnell verzehrt, wird er von ihr abgeworfen, ehe er fertig ist. Braucht das Weibchen allerdings länger als 20 Minuten zum Verzehr, beendigt das Männchen sein Tun, schnappt sich den Rest und fliegt damit davon, um weitere Weibchen zum Essen einzuladen.

Anders machen es die Männchen der Roadrunner. Sie fangen eine Ratte oder eine Maus, hämmern auf das Tierchen ein, bis es in einen Schockzustand gerät oder tot ist, und bieten es dann dem Weibchen als Mahlzeit an. Allerdings, ohne es ihr regelrecht zu überreichen, sondern indem das Männchen die Beute mit dem Rücken zum Weibchen festhält und dabei krächzt und mit dem Schwanz wackelt. Erst wenn die beiden Vögel kopuliert haben, überlässt der Roadrunner seine Gabe dem Weibchen. Männchen, die eine solche Nahrung nicht anbieten, bleiben bei ihren Bemühungen um ein Weibchen erfolglos.

Der Psychologe David Buss hat Heiratsannoncen untersucht und bei einer Stichprobe von 1.111 einschlägigen Inseraten in Zeitungen und Zeitschriften Folgendes herausgefunden: Männern sind bei ihrer zukünftigen Gattin in erster Linie Attribute wie die gute Figur oder das Alter wichtig. Frauen halten dagegen beim Zukünftigen etwa elf Mal so häufig wie Männer Ausschau nach Vermögenswerten. Die gute Figur oder der gute Charakter sind zwar auch wichtig, landen aber auf den hinteren Plätzen.

Der Psychologe David Kenrick hat eine Methode entwickelt herauszufinden, wie hoch verschiedene Attribute von Männern oder Frauen bei einem Ehepartner eingeschätzt werden. Gefragt wurde nach den Mindestprozentsätzen zu verschiedenen Charakteristika, die beim anderen noch als akzeptabel angesehen werden. Ergebnis: Im Bereich Einkommen muss für die befragten Frauen der Mindestprozentsatz bei einem akzeptablen Ehemann bei 70 Prozent liegen, für Männer nur bei 40 Prozent. Bereits erwähnter Psychologe Buss hat außerdem weltweit 10.407 Frauen einen Fragebogen in die Hand gedrückt. Darauf musste angekreuzt werden, was an einem potenziellen Ehepartner wünschenswert sei. Mit Ausnahme von Spanien wurde in allen Ländern das hohe Einkommen an die erste Stelle gesetzt.

Um Frauen von dem Vorwurf rein materiellen Denkens zu entlasten, muss man natürlich erwähnen, dass sie weltweit finanziell deutlich schlechter gestellt sind als Männer und durchschnittlich auch weniger verdienen. Bei einer Studie an Jungverheirateten in den USA wurden jedoch wirtschaftlich erfolgreiche Frauen befragt und dann hinsichtlich ihrer Partnerpräferenzen mit den Frauen verglichen, die niedrigere Löhne und Einkommen hatten. Die erfolgreicheren Frauen verdienten oft mehr als 50.000 Dollar im Jahr, einige sogar mehr als 100.000 Dollar. Die Studie zeigte, dass diese Frauen sogar noch mehr Wert auf Partner legten, die einen akademischen Grad, einen hohen Sozialstatus und eine höhere Intelligenz aufwiesen, und sich zugleich Männer wünschten, die besonders groß, selbständig und selbstsicher sind.

Was ist an weiblichen Flirtsignalen dran?

Auf den Punkt gebracht, kann man sagen, Männer leiden unter einer zunehmenden Wahrnehmungsschwäche, sobald ihr Interesse an einer Frau erst einmal geweckt ist. Sie schätzen in der Regel ihre Chancen deutlich höher ein, als sie es tatsächlich sind. Und dieser Realitätsverlust wird umso größer, je mehr die Frau gefällt.

Im Rahmen einer Studie wurde Männern und Frauen eine Videoaufzeichnung von einer Unterhaltung zwischen einem Professor und einer attraktiven Studentin gezeigt. Der Hintergrund des Gesprächs war das unschuldige Ansinnen der Studentin, den Professor um einen Aufschub für die Abgabe ihres Referats zu bitten. Die Szene war gestellt, bei beiden handelte es sich um Schauspieler, die zuvor instruiert worden waren, keinerlei Anzeichen von Flirtverhalten zu zeigen und in freundschaftlicher Weise miteinander umzugehen. Nachdem der Film zu Ende war, mussten die Zuschauer auf einer Sieben-Punkte-Skala die vermeintlichen Absichten der Frau bewerten.

Die weiblichen Betrachter kamen dabei der Wahrheit ziemlich nahe. Das Ansinnen »Freundschaftlichkeit« erhielt 6,45 Punkte. »Sexy« und »verführerisch« werteten sie mit 2,00 beziehungsweise 1,89 Punkten in die Situation hinein. Anders die Männer, sie nahmen zwar auch Freundlichkeit wahr (6,09 Punkte), doch unterstellten sie der Studentin mit 3,38 Punkten deutlich mehr verführerische und sexuelle (3,84 Punkte) Hintergedanken. Zu den gleichen Ergebnissen kam eine Versuchsanordnung, die einen Studenten und eine Studentin beim gemeinsamen Lernen zeigte. Nach dem Urteil der Männer bestand bei der Frau eine mittelstarke Absicht, sexy (4,87 Punkte) oder verführerisch (4,08 Punkte) zu wirken, während die Frauen mit 3,11 und 2,61 Punkten deutlich weniger unanständige Absichten erkannten.

Die Psychologin Christiane Tramitz drückte zu Testzwecken Männern in einer Münchner Bar ein Messgerät mit einem eingebauten Druckknopf in die Hand. Sie gab ihnen die Anweisung mit auf den Weg ins Nachtleben, den Knopf zu betätigen, sobald sie glaubten, bei den anwesenden Damen ein Flirtsignal zu beobachten, das eindeutig ihnen galt. Was die Testflirter nicht wussten, war, dass sie selbst im Mittelpunkt der Studie standen. Ein Lockvogel in Person einer Schauspielerin namens Esther war auf sie angesetzt worden. Deren Aufgabe bestand darin, durch gezielte Flirtsignale die Männer zum fleißigen Gebrauch ihres Spielzeugs zu animieren.

Esther fand großen Zuspruch, bereits der erste schüchterne Blick reichte aus, um acht Prozent der Männer von ihren eindeutig zweideutigen Absichten zu überzeugen. Bereits nach 29 Sekunden betätigten die ersten Spontandrücker begeistert ihren Knopf. Nach 36 Sekunden genügte ein zweiter kurzer Blick, um weitere elf Prozent zum gleichen Schluss kommen zu lassen. Eine weitere Druckwelle erfolgte mit dem dritten Blick nach 48 Sekunden. Hier reagierten die Männer auch schon auf ein Schrägstellen des Halses. Spätestens nach 77 Sekunden und einem vierten Blick war sich die Hälfte der Barbesucher sicher, die Frau ist scharf auf mich. Und gegen Ende der zweiten Minute hatten 71 Prozent der Männer ein eindeutiges sexuelles Interesse bei Esther erkannt. Die restlichen Barbesucher reagierten irgendwann während der folgenden zwei Minuten, nur der letzte Nachzügler brauchte bis zur fünften Minute, bevor es ihm endlich dämmerte.

Hat sich bei einem Mann der Glaube erst einmal gefestigt, eine Frau habe Interesse an ihm, lässt er sich von dieser Überzeugung kaum mehr abbringen, meint Tramitz. Wenige kurze Blicke in seine Richtung reichen da schon aus. Durchsetzt eine Frau ihr Verhalten mit ambivalenten Signalen von Freundlichkeit und Ablehnung, muss sie damit rechnen, dass Männer die positiven Signale stärker bewerten als die negativen. Die Zurückweisung wird zwar erkannt, aber von Mal zu Mal weniger ernst genommen. Esther drehte sich in regelmäßigen Abständen vom Betrachter gänzlich weg und zeigte ihm den Rücken. Während das erste Abwenden, nach drei kurzen Blicken, noch als ernsthafte Zurückweisung gewertet wurde, reagierten die Männer beim zweiten Mal nur noch halbherzig. Das dritte Abwenden schließlich nahmen sie nur noch äußerst verzögert wahr.

Forscher der Universität Princeton haben als Grund für diese Fehleinschätzung eine Art Selbstprojektion ausgemacht. Wer selber lächelt, um sein Interesse anzumelden, denkt, dass der andere Ähnliches im Schilde führt. Vor allem bei Männern, deren Liebesleben nach eigenen Angaben unbefriedigend war, stellten die Psychologen ein Missverhältnis zwischen Realität und Wahrnehmung fest. Auch dieses Ergebnis lässt sich mit der Projektionstheorie erklären: Wer viel an Sex denkt, projiziert entsprechendes Interesse auf sein Gegenüber.

Wollen Männer Helden sein?

Zu Studienzwecken bekamen mehrere Männer unterschiedlich schwierige Aufgaben gestellt. Alle sollten sie eine Brücke überqueren, der Unterschied bestand darin, dass es sich einmal um eine gefährliche Hängebrücke, das andere Mal um eine langweilige und gesicherte Betonbrücke handelte. Der Höhepunkt der Versuchsreihe fand auf der Brücke statt. Auf halbem Weg trafen die Männer nämlich jeweils auf eine attraktive Blondine, die den Rest des Weges mit zurücklegte. Nach erfolgreicher Brückenüberquerung zeigten die Männer, die die Hängebrücke gemeistert hatten, wesentlich mehr Interesse daran, sich mit der Blondine zu verabreden, als diejenigen, die über die Betonbrücke gegangen waren.

Wie wichtig ist der Geruch eines Mannes?

Von Mäuseweibchen weiß man, dass sie erst einmal lange an den Männchen herumschnuppern, bevor sie ihren Favoriten erwählen. Das liegt vielleicht daran, dass sie eine ähnlich gute Spürnase haben wie Frauen. Frauen können nämlich – zumindest an ihren fruchtbaren Tagen – attraktive Männer erschnuppern. Bereits drei Sekunden nach Wahrnehmung des ersten Duftschwalls hat das weibliche Gehirn unbewusst registriert, wie der Körper des Mannes gebaut ist, und eine vorläufige Entscheidung darüber getroffen, ob der Kontakt weiter vertieft werden soll oder nicht.

Bewiesen wurde das von der Wiener Wissenschaftlerin Anja Rikowski, die Männer drei Nächte lang in ein und demselben T-Shirt schlafen ließ. Danach wurde das T-Shirt eingefroren, im Labor wieder auf Körpertemperatur erwärmt und 15 Frauen zum Schnuppertest überreicht. Den Schnüfflerinnen wurde dabei die Aufgabe gestellt, anhand des Geruchs nähere Angaben über die Figur, die Größe und die Attraktivität des Trägers zu machen. Die gleiche Aufgabe bekam auch eine andere Gruppe, mit dem Unterschied, dass sich diese Frauen die zu begutachtenden Männer nur auf Fotos anschauen durften und ihre Nase nicht in alte Kleidungsstücke stecken mussten. Beide Gruppen kamen zu nahezu identischen Ergebnissen.

Ein ähnlicher Schnüffeltest wurde an der New Mexico University unter erschwerten Bedingungen durchgeführt. Vor der Geruchsprobe wurden den Männern die Handgelenke, die Länge und Breite der Ohren, Ellbogen, die Fußbreite und die Fingerlänge vermessen. Diese Werte wurden dann mit dem Fruchtbarkeitszyklus der Frauen in Beziehung gesetzt. Gute Noten erhielten dabei wieder die attraktivsten Männer, solche, die besonders symmetrisch gebaut waren. Das aber nur in der Mitte des Zyklus, also während der fruchtbarsten Tage einer Frau. Die archaische Nasenprobe verschafft biologische Vorteile. Denn nicht alle Frauen zeigten sich beim Schnüffeltest gleichermaßen wählerisch. Nur diejenigen unter ihnen, die gerade empfängnisbereit waren, fühlten sich zu den Ausdünstungen der wohlgeformten Männer hingezogen. Die anderen Frauen machten keine Unterschiede.

Nützt es etwas, Chef zu sein?

Der Anführer zu sein bringt in der Regel wenig, wenn es darum geht, die Gunst einer oder mehrerer Frauen zu erringen. Was sich schon dadurch bestätigt, dass in Umfragen in Frauenzeitschriften der Wunsch nach »Sex mit dem Chef« regelmäßig nur auf den hinteren Plätzen der Beliebtheitsskala landet. Weit hinter dem Verlangen nach Leibesertüchtigung mit dem Aerobictrainer oder einem Rendezvous mit dem italienischen Bekannten vom letzten Urlaub an der Adria.

Eine Behauptung, die sich durch einen Blick ins Tierreich untermauern lässt. Dort werden die Alphamännchen von den Weibchen nach Strich und Faden ausgetrickst. So nutzen weibliche Rhesusaffen jede Gelegenheit, um sich hinter Büschen mit anderen Freiern zu vergnügen. Besonders hinterlistig: Die Verhaltensforscherin Anna E. Rasa hat beobachtet, dass Rhesusaffenweibchen ihrer scheinbaren sexuellen Ekstase mit lauten Rufen und temperamentvollem Quietschen begeistert Ausdruck verleihen, wenn sie mit dem Chef kopulieren. Wenn sie sich dagegen hinter die Büsche stehlen, um sich mit rangniederen Freiern zu vergnügen, was sehr viel häufiger vorkommt, tun sie dies sehr viel leiser.

Genauso schlechte Karten bei den Weibchen haben die Befehlshaber unter den Guppys: Würzburger Biologen haben Gentests gemacht, um die Vaterschaft beim Fischnachwuchs zu klären. Ergebnis: Kein einziger Jungfisch stammte von dem offiziellen Chef der Gruppe ab. Die höchste Trefferquote hatten die rangzweiten Männchen, die bis zu 65 Prozent der Nachkommen gezeugt hatten. Grund: Die Bosse waren ständig damit beschäftigt, ihren Rang in Konkurrenzkämpfen zu verteidigen. Ein Anliegen, für das die Nummer zwei im Aquarium nur etwa fünf Prozent eines normalen Arbeitstages aufwenden musste und deshalb viel Zeit hatte, sich mit den Weibchen zu paaren.

Auch bei unseren nächsten Verwandten, den Schimpansen, werden die Bosse hinters Licht geführt. Als der Schweizer Primatologe Christophe Boesch unter Schimpansen in einem westafrikanischen Wildpark Vaterschaftstests durchführte, entdeckte er, dass von den 13 Jungtieren, die innerhalb der letzten zwölf Jahre in der Affenhorde aufgewachsen waren, kein einziges von den beiden Alphamännchen gezeugt worden war. Sieben Junge hatten sogar Väter aus fremden Gruppen, obwohl es den Clanmitgliedern streng verboten ist, Kontakte zu anderen Horden aufzunehmen.

Dafür sollen, zumindest beim Menschen, Chefs seltener Potenzprobleme haben. US-Forscher wollen herausgefunden haben, dass Bildung und Einkommen gut für die Manneskraft sind. Nach ihren Untersuchungen haben Arbeiter ein anderthalbfach höheres Risiko, dass der Willi schlappmacht, als Bankdirektoren oder Uniprofessoren.

Wie erotisch ist eine Glatze?

Die Umfrageergebnisse schwanken zwar, sagen aber durchschnittlich, dass 38 Prozent aller Frauen einen Glatzkopf erotisch finden. Nur acht Prozent der Befragten können sich nicht vorstellen, sich in einen Mann mit wenig Haaren zu verlieben. Die guten Werte täuschen aber. Wenn es zur Sache geht, haben Kahlköpfe wenig Schlag bei den Frauen. Studien haben ergeben, dass zum Beispiel die Chance auf einen One-Night-Stand für Betroffene sechs Mal so gering ist wie für einen Mann, der bei solcher Gelegenheit noch mit der vollen Lockenpracht auftrumpfen kann. Punkten können Leidtragende nur in den Kategorien »guter Freund« und »treu sorgender Ehemann«. Was wahrscheinlich wenig tröstet.

Es gibt dazu zwei Untersuchungen. Eine von neutraler Stelle, die zweite ist subjektiv eingefärbt und stammt von einem Interessenvertreter der Pharmaindustrie. Die Ergebnisse stimmen aber weitgehend überein und belegen, dass sich mit den Haaren auch die Aussichten beim anderen Geschlecht verflüchtigen. In der Untersuchung des Haarwuchsmittel-Herstellers MSD (Propecia) schnitten kahle Männer in allen Bereichen schlechter ab als behaarte Männer. Unabhängig davon, ob es um eine Affäre oder den Partner fürs Leben ging. Frauen zwischen 20 und 40 Jahren konnten aus einem Pool von 1.544 vollhaarigen Kandidaten und 772 obenrum weniger gut ausgestatteten Anwärtern über ihre Favoriten abstimmen. Ergebnis: 23,1 Prozent der Männer mit vollem Haar wurden als Mann fürs Leben in die engere Wahl gezogen, bei Männern mit dünnem Haar sank der Zuspruch auf magere 3,6 Prozent, also um das Sechsfache. Ähnlich schlechte Einstufungen gab es bei der Abstimmung über einen Kandidaten für ein kurzes Abenteuer: 22,9 Prozent Erfolg bei vollem Haar, nur 3,4 Prozent im gegenteiligen Fall.

Nur in einer Kategorie konnten Kahlköpfe punkten: als gute Freunde, mit denen man über alles reden kann. 12,4 Prozent von ihnen wurden ausgesucht, sobald eine Lebens- oder Liebesgemeinschaft ausgeschlossen war. Die Werte für Vollhaarige lagen bei 19,3 Prozent. Eine von kommerziellen Wünschen unabhängige Studie der Universität des Saarlandes kam zum gleichen Ergebnis. Frauen durften hier verschiedene Männerpaare bewerten. Immer der gleiche Typ, einmal mit Haartracht, einmal mit einer am Computer retuschierten Halbglatze. Ergebnis: Bei der Frage nach der sexuellen Anziehungskraft erreichten die unbearbeiteten Fotos deutlich bessere Werte als die Bilder mit der Halbglatze. Die abgebildeten Personen wurden außerdem zwei bis drei Jahre jünger geschätzt.

Wenig trösten wird alle vom Haarausfall Betroffenen die Beobachtung eines amerikanischen Zoologen. Er hat herausgefunden, dass Schimpansenweibchen Männchen mit wenig Haaren ganz besonders erotisch finden. Warum das so ist, hat er aber nicht enträtseln können.

Stimuliert ein nackter Mann eine Frau?

Was passiert, wenn ein Mann eine fremde nackte Frau vor sich sieht, ist bekannt. Wenn dagegen ein fremder nackter Mann plötzlich vor einer Frau auftaucht, rennt diese in der Regel eher weg. Es wäre aber falsch zu glauben, dass einer Frau ein Mann im Adamskostüm bei entsprechender Ausstattung nicht gefällt. Frau Dr. Rosemarie Krug von der Universität in Bamberg hat bewiesen, dass unbekleidete Herren das Blut von Frauen genauso in Wallung bringen wie der Anblick unbekleideter Damen den Lebenssaft von Männern. Das berichtet eine absolut seriöse Quelle, die *Ärztezeitung*.

Die Psychologin Dr. Krug hat Frauen für einen Augenblick von jeweils 125 Millisekunden Bilder vorgeführt. Ein Zeitraum, in dem Details nicht bewusst wahrgenommen werden können, was den Vorteil hat, dass Schummeln nicht möglich ist. Zu sehen waren auf den Abbildungen die Körper von Frauen, Männern und Babys sowie zur Abwechslung zwischendurch immer wieder Fotos von nackten Männern. Die Auswirkungen der Darstellungen auf die Psyche der Zuschauerinnen wurden gemessen, indem mittels EEG die Gehirnströme aufgezeichnet wurden. Der Anblick hüllenloser Männer brachte die Hirnströme kräftig ins Schwingen. Allerdings nur zu Zeiten des Eisprungs, also während der fruchtbaren Phase. Davor oder danach blieben die Frauen von der Bilderschau unbeeindruckt.

An der Universität Amsterdam hat man Frauen und Männer an Geräte angeschlossen, welche die Blutzufuhr in den Genitalien messen sollten. Sobald das vollbracht war, wurden Pornostreifen gezeigt. Im Anschluss an die Vorführung wurden die Versuchspersonen einzeln dazu befragt, was sie von dem Film hielten. Die Männer äußerten sich fast alle positiv über das Video, während die meisten Frauen glaubhaft versicherten, dass der Streifen sie nicht besonders beeindruckt habe. Aus den Messungen ging jedoch eindeutig hervor, dass sie genauso erregt wurden wie die männlichen Zuschauer. Fachleute erklären dieses scheinbare Missverhältnis damit, dass Frauen sich nicht grundsätzlich von pornographischen Darstellungen abgestoßen fühlen, sondern von deren Machart und der vorherrschenden Tendenz, Frauen als unterwürfige Betthäschen darzustellen.

Sind Bässe besser im Bett?

In einer schwedischen Studie wird allen Ernstes behauptet, dass Männer mit Bassstimme ihre Partnerin bei 67 Prozent aller Einsätze zum Orgasmus bringen. Das wäre rekordverdächtig, denn dem Bariton gelingt das angeblich nur zu 52 Prozent. Tenöre sollen dagegen eher schlecht im Bett sein, sie schaffen lediglich eine Quote von 47 Prozent. Nicht beantwortet wurde die Frage, ob ein vorgetäuschter Orgasmus mit in die Wertung einging. Und da ja bekannt ist, dass Männer im Bett eher wenig reden, stellt sich auch noch die Frage, wieso die Stimmlage so einen tiefen Eindruck hinterlassen soll. Ein Bassgrunzer dürfte auch nicht viel anders klingen als der eines Tenors.

Richtig und wissenschaftlich gesichert ist, dass eine tiefe Stimme die Chancen bei Frauen erhöht. Die Biologin Sarah Collins von der Nottingham University hat Frauen die Stimmen von 30 verschiedenen Männern auf einem Tonband vorgespielt, von denen sie zuvor Alter, Größe, Gewicht sowie Schulter- und Hüftbreite erfasst hatte. Dann wurde gefragt, wie die Frauen anhand der Stimmaufnahmen die Attraktivität, das Alter, den Körperbau und die Behaarung der Männer einschätzen.

Kam vom Tonband eine Bassstimme, wurden dem dazugehörigen Mann Attribute wie attraktiv, muskulös, groß und vollhaarig zugeordnet. Hohe Männerstimmen erhielten jedoch nur durchschnittliche Wertungen. Außerdem hatten die Bassstimmen nach der einhelligen Meinung der Zuhörerinnen mehr Haare auf der Brust als andere Stimmlagen. Alles Urteile, die zu einer herben Enttäuschung führen können. Mit ihren Einschätzungen lagen die Frauen nämlich nur in einem Punkt richtig: Die Männer mit tiefer Stimme waren im Schnitt tatsächlich schwerer. Die Forscherin vermutet, dass es für diese Übereinstimmung evolutionäre Gründe gibt. Welche das sein könnten, hat sie aber nicht verraten.

Softie oder Macho?

Bei den Bonobos, einer Affenart, haben die nettesten Männchen den größten Sexappeal. Wenn so ein Frauenversteher dem Nachwuchs kraulende Aufmerksamkeit widmet und den Weibchen etwas abgibt vom Zuckerrohr, wird er dafür mit Sex belohnt.

Bei der Menschenfrau scheint dagegen ein Macho einen tief sitzenden Paarungsinstinkt auszulösen. Die renommierte Zeitschrift *Na-*

ture berichtet, dass die weiblichen Vorlieben mit dem Zyklus schwanken und Frauen zu Zeiten ihres Eisprungs männlichen Typen die besseren Leistungen im Bett zutrauen. Wenn es allerdings darum geht, einen Mann fürs Leben zu finden, werden eher weichere Typen favorisiert.

Wissenschaftler von der St. Andrews University haben Frauen digital bearbeitete Bilder von Männern gezeigt, bei denen entweder weibliche oder männliche Gesichtsmerkmale hervorgehoben worden waren. Dabei sprachen die maskulinen Typen eher die Frauen an, die an einer kurzfristigen Beziehung interessiert waren oder die bereits einen Partner hatten. Selbst dann, wenn sie zufrieden mit ihrer Beziehung waren. Frauen auf der Suche nach einer langfristigen Partnerschaft zogen dagegen die feminineren Gesichter vor.

Japanische und britische Forscher ließen ihre weiblichen Testpersonen nicht nur die Attraktivität von mittels Computer auf mehr maskulin oder mehr feminin getrimmten Männergesichtern beurteilen, sondern befragten sie auch über ihren Zyklus. Ergebnis: An Tagen, an denen ihre Empfängnisbereitschaft hoch ist, bevorzugen Frauen im Durchschnitt maskulinere Züge, sogar dann, wenn sie sich noch eine Woche vorher für femininere Gesichter entschieden hatten.

Machen Muskeln Frauen scharf?

Würde man die Weibchen der Gladiatorenfrösche befragen, wäre die Antwort klar. Ohne stählerne Muckis läuft für einen Gladiatorenfrosch bei den Frauen nämlich gar nichts. Um die Fähigkeiten eines Männchens abzuklopfen, unterzieht eine Froschdame den zukünftigen Gatten erst einmal einem Härtetest, schließlich muss der in der Lage sein, das Nest zu bauen und später die Eier zu verteidigen. Bei der Werbung wird ein Froschmann von dem Weibchen, das ihn in die engere Wahl zieht, mit voller Absicht kräftig angerempelt. Es versetzt ihm einen derartigen Stoß, dass der Frosch ins Wanken gerät und oft erschreckt das Weite sucht. Was ganz schlecht ist, denn sobald ein Mann das Gleichgewicht verliert, entfernt sich das Weibchen eilends, um andere Kandidaten zu überprüfen. Wer dagegen seinen Mann steht, wird nur selten abgewiesen.

Ob auch Menschenfrauen so harte Anforderungen an ihren Zukünftigen stellen, haben die amerikanischen Psychologen Paul Lavrakas und Sally Beck untersucht. Sie führten Frauen Silhouetten von Männerkörpern vor und fragten dabei ab, wie die Präsentation gefiel. Zu sehen war immer der gleiche Mann, verändert wurden nur die Proportionen der Brust, des

Gesäßes und der Schultern. Ergebnis: Die klassische V-Form gefiel zwar zunächst am besten, als dann aber nachgehakt wurde, ob man den Besitzer auch als Ehemann in Betracht ziehen würde, fielen die Sympathiewerte stark ab. Mit ernsten Absichten im Hinterkopf gaben die meisten Frauen dem schmalen, leptosomen Männertyp die meisten Punkte. Vor den Muskelmann schob sich in der Hitliste auch noch die eher gemütliche Mann-mit-kleinem-Bauch-Variante.

Die Vorliebe für normale Körperformen, so ein weiteres Ergebnis der Untersuchung, spricht für eine stark heterosexuelle Orientierung. Diese Frauen sind eher häuslich, ordentlich und gewissenhaft. Frauen mit höherer Ausbildung stehen dagegen auf den Woody-Allen-Typ. Ein dünner Körperbau zeuge nämlich von einem guten Elternhaus. Für den Muskelmann schwärmen Frauen, die sich eine starke Schulter erhoffen. Was vor allem auf Frauen zutreffen soll, die ohne Vater aufgewachsen und stark sexuell orientiert sind. Unsportliche, streng religiöse Frauen, die ihre sexuellen Bedürfnisse als gering einstufen, bevorzugen dagegen eine schmale Brust. Die Vorliebe für einen kleinen Hintern wurde als Zeichen für ein ausgeprägtes Karrierebewusstsein entlarvt.

Aus den USA stammt eine Untersuchung, bei der Männer anhand von Umrisszeichnungen angeben sollten, mit welchem Körper sie sich den größten Erfolg bei Frauen zutrauten. Anschließend wurden die gleichen Zeichnungen von Frauen bewertet. Ergebnis: Männer denken, sie müssten aussehen wie Supermann und wünschen sich mehr Muskeln, flachere Bäuche und kantigere Züge. Der Idealmann der Frauen hingegen läuft durchweg bescheidener durch die Gegend. Bei einem Waschbrettbauch werden 42 Prozent der Frauen schwach, aber ein beinahe genauso hoher Prozentsatz findet ein kleines Bäuchlein viel reizender.

Auf eher kleine und pummelige Männer mit runden Wangen steht der mütterliche Typ. Ein solcher Anblick löst nämlich tief sitzende Mutterinstinkte aus. Dabei wird ein Hormon namens Progesteron ausgeschüttet, welches in hohen Konzentrationen auch in der Muttermilch vorkommt. Bei den meisten Frauen wird dieser Mechanismus in Gang gesetzt, sobald sie ein Baby erblicken. Ein Baby hat kurze, pummelige Ärmchen und Beine, einen runden, plumpen Oberkörper, einen im Verhältnis zum restlichen Körper übergroßen Kopf und große Augen. Alles Formen, die als Auslöser für eine Ausschüttung des Hormons wirken.

Die Reaktion auf die speziellen Babyformen ist so stark, dass das Hormon auch dann freigesetzt wird, wenn eine Frau ihnen beispielsweise in einem Stofftier begegnet, was die Vorliebe der Damenwelt für Teddybären, Kuscheltiere und pummelige Männer erklärt.

Warum stehen Frauen auf grosse Männer?

Es wird zwar immer wieder behauptet, kleine Männer seien die besseren Liebhaber. Aber Mühe allein genügt nicht, wie Karin Sommer, die Werbedame von Jacobs Kaffee, sagen würde. In einer kalifornischen Universitätsklinik wurde nämlich untersucht, nach welchen Kriterien Frauen mit unerfülltem Kinderwunsch Männer aus der hauseigenen Samenbank auswählen. Es zeigte sich, dass die wichtigste Eigenschaft, die ein potenzieller Samenspender mitbringen muss, eine ausreichende Körpergröße ist, die ungefähr bei 1,80 Meter beginnt. Alle Samenproben von Männern, die dieses Gardemaß nicht aufwiesen, waren Ladenhüter.

Das hat seine Gründe, wie eine polnische Langzeitstudie ergab, denn kinderlose Männer sind im Mittel drei Zentimeter kleiner als Väter mit mindestens einem Kind, was Frauen anscheinend zu dem Schluss kommen lässt, aus der Größe könne man auf die genetische Qualität schließen. Kleine Männer sind zwar treuer, zeugen aber nicht so viele Kinder, das ergab eine Langzeituntersuchung an Soldaten.

Auch im Tierreich haben große Männchen mehr Erfolg. Amerikanische Verhaltensforscher haben Seeelefanten beobachtet, die sich jedes Jahr zur Paarungszeit zu Hunderten an der Pazifikküste einfinden. Sie stellten fest, dass die groß gewachsenen und dominanten Männchen in einer Paarungssaison im Schnitt über 30 Weibchen befruchteten, die kleineren Männchen dagegen meistens leer ausgingen. Bei Arten hingegen, die in festen Paarbeziehungen leben, wie zum Beispiel Wildgänse, sind die Partner meist gleich groß, und die Männchen begnügen sich damit, ein Weibchen zu befruchten.

Nur bei Spinnen sind kleine Männer angesagt. Die Spinnenweibchen der Gattung »Argiope keyserlingi« machen sich normalerweise nach dem Liebesakt sofort über ihren Liebhaber her und verspeisen ihn zum Nachtisch. Männchen, die besonders klein sind, lassen sie aber länger am Leben.

WIE DIE FRAU ZU IHREN PROBLEMZONEN KAM, WAS DER PO ÜBER DIE PERSÖNLICHKEIT AUSSAGT UND WARUM MÄNNER AUF BLONDINEN STEHEN

Die Brust: Nahrung oder Sex?

Ob die Brüste einer Frau von Mutter Natur in erster Linie als praktische Versorgungsstationen für den Nachwuchs oder zur besonderen Freude des Mannes erdacht worden sind, beschäftigt die Gelehrten seit je. Im Koran heißt es dazu wenig hilfreich, die Brust nährt das Kind und ergötzt den Vater. Auch Alexander der Große ist auf seinen Feldzügen dieser Frage ausgewichen. Er hat Scharen von Kurtisanen bis nach Indien mitgenommen, die neben ihren anderen Aufgaben auch Milch für die Truppen spendeten. Als der Busenfetischist Napoleon Jahrhunderte später auf Elba von dieser Art der Kriegsführung erfuhr, soll er ausgerufen haben: »So hätten wir Moskau halten können!« Bei den Hindus ist das Privileg, die Brust der Göttinnen berühren zu dürfen, das Höchste, was ein Mann in seinem Leben erreichen kann. Und auch die Steinzeitmänner fanden große Brüste klasse, wie seit der Venus von Willendorf bekannt ist. Von Rasputin wiederum ist überliefert, er habe Brüste durch Handauflegen vergrößern können, was ja auch nicht schlecht ist.

Die schönste Theorie über die Entstehung der weiblichen Brust hat schon in den sechziger Jahren der Zoologe Desmond Morris aufgestellt. Sie gilt in wissenschaftlichen Kreisen zwar inzwischen als überholt, hat aber nichts von ihrem Reiz verloren. Morris sagt, der Busen sei in Wahrheit eine Art zweiter Po, der einst die Vorderseite der Frau sexuell attraktiver gestalten sollte. Als der Mensch sich nämlich von allen vieren auf zwei Füße erhob, brachte das ein erotisches Problem mit sich. Zuvor paarte man sich noch wie die meisten Tiere von hinten. Was den Vorteil hatte, dass unsere Vorfahren sich in dieser Stellung besonders gut gegen wilde Tiere und Widersacher verteidigen konnten. Durch den aufrechten Gang gingen dem Mann aber plötzlich die wichtigsten sexuellen Signale verloren, die bisher fast ausschließlich vom Hinterteil ausgegangen waren und sich nun nicht länger auf Blickhöhe befanden, wenn Männchen und Weibchen einander begegneten. Um auch die Vorderansicht attraktiver zu gestalten, stattete Mutter Natur die Weibchen nach Morris' Theorie deshalb mit zwei Hinterbacken an der Vorderseite aus, worauf die Männer auch prompt hereinfielen.

Eine ebenfalls amüsante Erklärung ist dem Biologen Sir Allister Hardy von der Oxford University eingefallen. Er behauptet, der Mensch stamme von einem Affenwesen ab, das vor etwa fünf Millionen Jahren an den Küsten der Meere lebte und sich seine Nahrung aus dem

Wasser holte. Das Fettpolster in den Brüsten der Frauen hatte seiner Theorie nach den Sinn, das empfindliche Drüsengewebe auch bei kühlen Wassertemperaturen warm zu halten. Den Reiz hätten die Männer erst sehr viel später zu schätzen gelernt. Brüste sind nach Hardys Ansicht eine Art Rettungsfloß, an dem sich die Babys beim Nuckeln festhalten können.

Der neueste Forschungsstand enttäuscht im Vergleich eher. Er unterstützt die Theorie von den Speisekammern und stammt von der amerikanischen Anthropologin Gilian Bentley. Das Schlaue an ihrer Theorie ist, dass sie nicht gefragt hat, wozu die Brust gut ist, sondern warum sie rund ist. Während sie ihre Tochter stillte, bemerkte Bentley, dass, wäre die Brust nicht vorgewölbt, das Baby beim Saugen ersticken würde, da sich die Nase in die Haut drücken und das Kind keine Luft mehr bekommen würde. Die meisten anderen Primaten-Babys haben einen vorstehenden Kiefer, wodurch der kleine Milchsauger bestens vorm Ersticken geschützt ist und Mamas Brust handlich klein bleiben kann.

Viel in der Bluse – wenig im Kopf?

Blondinen und Frauen mit großem Busen sind Leidensgenossinnen, sie werden beide grundsätzlich für dümmer gehalten. Frauen denken dabei übrigens genauso schlecht über ihre besser entwickelten Geschlechtsgenossinnen wie die Männer. Der Psychologe Chris Kleinke vom Boston College hat Personen beiderlei Geschlechts Fotoserien von Frauen gezeigt, deren Busen von Bild zu Bild mittels BH-Einlagen vergrößert worden war – bis hin zu jenen Dimensionen, die Anita Ekberg berühmt gemacht haben. Dann sollten die Betrachter die abgebildeten Damen anhand eines Kriterien-Katalogs charakterisieren. Bei der Beurteilung fiel die Größe immer ins Gewicht, wenn nach intellektuellen oder beruflichen Fähigkeiten gefragt wurde: Männliche wie weibliche Testpersonen ordneten übereinstimmend Attribute wie »klug«, »effizient« oder »durchsetzungsfähig« immer jenen Fotos zu, auf denen die Brüste am kleinsten waren.

Interessante Ansichten über die Anatomie der Brust hat 1859 der Würzburger Gynäkologie-Professor Friedrich Wilhelm Scanzoni niedergeschrieben: »Die Grösse der weiblichen Brust ist äußerst wandelbar (...) Nach einigen Beobachtern sollen auch einzelne Volksstämme von der Natur besser ausgestattet sein; so haben die Italienerinnen, die Französinnen im südlichen Frankreich, die Spanierinnen und die Engländerinnen meist nur kleine, runde Brüste, während sich die deutschen Weiber, insbesondere die Bewohnerinnen Österreichs, Baierns und Böhmens und nicht minder die von Schweden, Polen, Holland und endlich die Schweizerinnen durch grosse volle Brüste auszeichnen sollen. Die Zahl der menschlichen Brüste beschränkt sich in der Regel auf zwei.« Der Professor hatte zwar richtig gezählt, die Aussagen über die besonders gut gebauten Bewohnerinnen Bayerns oder Österreichs stimmen aber natürlich nicht.

In den USA wiegt der durchschnittliche Busen 300 Gramm. Die durchschnittliche BH-Größe ist 75B, und das unverändert seit der Erfindung des Büstenhalters vor rund 90 Jahren. Warum die eine Brust wächst und die andere nicht, weiß die Wissenschaft aber bis heute nicht. Sicher ist nur, dass sich von der Größe der Brust keine Rückschlüsse auf die Libido ziehen lassen. Biologen zufolge haben sich große Brüste aus einem anderen Grund entwickelt, nämlich dem, die Männer aufs Kreuz zu legen. Im biologischen Urprogramm signalisierten große Brüste, dass die Frau nicht mehr empfängnisbereit war. Mit ganzjährig vergrößerten Brüsten verlor dieses Signal aber seinen Wert, und kein Mann kann sich seitdem mehr sicher sein, ob seine Bemühungen zur Arterhaltung von Erfolg gekrönt waren. Für Schimpansen, Gorillas und Orang-Utans sind Brüste deshalb absolute Sextöter. Sie würden sich, käme ein Weibchen mit großen Brüsten daher, sofort davonmachen, weil sie der Überzeugung wären, eine ledige Mutter wolle ihnen ein Kind andrehen.

Vier von zehn Männern bevorzugen einen Brustumfang ab 96 Zentimetern. Deshalb könnte man meinen, der Erregungsgrad eines Mannes hänge von der Körbchengröße ab. Das stimmt aber nicht, wie amerikanische Forscher bewiesen haben, indem sie Männern Fotos von Brüsten zeigten. Große und kleine, mal verdeckt und mal leicht bekleidet und als Höhepunkt der Bilderschau ganz Natur. Nur eine einzige Konstante ließ sich bei der Untersuchung zweifelsfrei belegen: Fast alle Befragten gaben zwar durchgehend an, dass sie große Brüste klasse fänden, sprangen aber grundsätzlich auf jede Brust an. Einen ganz besonders vorteilhaften Eindruck machte die immer dann, wenn viel davon zu sehen war, wobei das Modell wenig Kleidung mit viel Brust noch besser ankam als die völlig entblößte Ausgabe.

Die Vorliebe vieler Männer für große Brüste ist mit sexuellen Urinstinkten nicht zu erklären. Ein Megabusen ist ein Hinweis auf eine relativ hohe Menge des weiblichen Hormons Östrogen und einen eher niedrigen Testosteronspiegel, sagt der amerikanische Sexualwissenschaftler Robert T. Francoeur aus New Jersey. Testosteron ist jedoch das Hormon, das auch bei Frauen das sexuelle Verlangen steigert. Weshalb es eigentlich so sein müsste, das kleine Brüste erregender wirken.

Wie kam die Frau zu ihren Problemzonen?

Die Frau soll aus rein praktischen Gründen zu ihren Problemzonen gekommen sein. Die Fettablagerungen an Hüften, Schenkeln und Po sind nach dem Erkenntnisstand polnischer Forscher eine Art Gegengewicht, das verhindert, dass Frauen in der Schwangerschaft umkippen. Sie dienen als zusätzliche Lasten, weil bei einer Schwangerschaft der Schwerpunkt des Körpers nach vorne und nach unten verlagert wird, was einen aufrechten Gang in dieser Zeit schwierig und kraftraubend macht. Die Gewichte an Po und Schenkeln sorgen für die nötige Balance und dienen gleichzeitig noch als Energiereserve für die Stillzeit.

Die Natur verteilt alles überschüssige Fettgewebe so weit wie nur irgend möglich von den lebenswichtigen Organen entfernt, damit deren Funktionen in keiner Weise beeinflusst werden. Normalerweise hat man so gut wie gar kein Fett um die Herz- und Nierengegend herum. Frauen haben ein weiteres wichtiges Organ: die Eierstöcke. Deswegen setzen Frauen im gebärfähigen Alter selten überschüssiges Fett um den Bauch herum an. Männer, die bekanntlich keine Eierstöcke haben, legen ihr überschüssiges Fett bevorzugt als Bierbauch an und können sogar Fettdepots auf dem Rücken bilden. Da dicke Oberschenkel beim Rennen und Jagen gestört hätten, sieht man allerdings nur selten Männer mit dicken Beinen.

Was sagt die Form des Pos über die Persönlichkeit aus?

Den meisten Umfragen nach schauen Männer, und hier wird ein Vorurteil widerlegt, einer Frau zuerst in die Augen, erst danach wandert der Blick weiter nach unten in Richtung Po. Wobei die Zeitschrift *Psychologie heute* sogar entdeckt haben will, dass die Form des Pos Rückschlüsse auf die Persönlichkeit einer Frau und auch auf die des Betrachters zulässt.

Das Seelenmagazin zitiert eine amerikanische Studie, in der Männern Bilder verschieden geformter Frauenhintern gezeigt wurden, die es mit einem Adjektiv zu beschreiben galt, das die Trägerin nach Meinung des Gutachters am treffendsten charakterisiert. Das Ergebnis der tiefenpsychologischen Studie: Männer halten Frauen mit dünnem Po für neurotisch, ein großer oder dicker Hintern lässt sie dagegen an Trunksucht oder Faulheit denken. Frauen mit kleinem Po bekommen gute Noten und gelten als entschlossen, aktiv und intelligent. Frauen mit vollem Hintern ebenfalls, sie werden als extrovertiert und aufgeschlossen angesehen. Männer, die einem großen Frauen-Po den Vorzug geben, enthüllte der Fragebogen als unsicher, schuldbewusst und passiv. Die Bevorzugung eines kleineren Hinterns wies dagegen auf Zielstrebigkeit, Aktivität und Selbstbewusstsein hin.

Eine Vorliebe für kurze Frauenbeine wiederum ist ein Anzeichen dafür, dass man eher eine Sportillustrierte kaufen würde als den *Playboy*. Verehrer von langen Beinen sollen mental schwerfälliger und im Handeln langsamer sein als Kurzbeinfans. Männer, die als Säuglinge an der Brust gelegen haben und nicht an der Flasche, bevorzugen nach Auskunft der Wissenschaftler einen kleinen Hintern.

Schon Jahrhunderte vor dieser Untersuchung hat der arabische Scheich Nefzaui im Auftrag Allahs ein Busenorakel erarbeitet und festgelegt, welche Schlüsse man aus der Größe und Form der Brüste ziehen kann. Die besten Noten bekam die Granatapfelform, die auf eine sensible und anschmiegsame Partnerin hindeuten soll. Vorsicht ist dagegen bei der Oleanderblüten-Brust angebracht, weil derart ausgestattete Frauen in der Regel aktiv und neugierig sind. Die Orangenform hingegen verrät eine zwickende, kratzende, kämpferische und laute Liebhaberin.

Warum halten sich Frauen immer für zu dick?

Dass Frauen ihren Hintern grundsätzlich zu dick und ihren Busen zu klein finden, ist ein alter Hut. Eine eindrucksvolle Studie dazu wurde an der Pennsylvania University durchgeführt. Frauen wurden aufgefordert, zu schätzen, wie umfangreich ihre Hüften, ihre Brust und ihre Taille sind. Das Ergebnis fiel zu 25 Prozent zu ihren Ungunsten aus, was zunächst mit dem erwiesenermaßen schlechteren räumlichen Vorstellungsvermögen von Frauen erklärt wurde. Als die Frauen dann aber zur Probe aufs Exempel die Maße einer Kiste schätzen sollten, fielen die Ergebnisse ziemlich genau aus.

Wie man seinen Körper wahrnimmt, hängt davon ab, ob man ein Mann oder eine Frau ist. In der Regel finden sich Frauen bei normalem Gewicht zu dick und Männer zu dünn. Alle 222 Untersuchungen in den letzten 50 Jahren haben übereinstimmend festgestellt, dass Frauen grundsätzlich an ihrem Körper herumkritteln, Männer dagegen zu Selbstgefälligkeit neigen.

Britische Forscher versandten an Bankangestellte und Hochschulmitarbeiter Fragebögen, in denen nach Körpergröße und Gewicht gefragt wurde. Außerdem sollte jeder angeben, ob er sich zu dick, zu dünn oder gerade richtig findet. 2.000 Bankangestellte und 1.500 Hochschulmitarbeiter antworteten, von einfachen Angestellten bis zu Managern und Akademikern. Die Forscher berechneten den Body Mass Index (BMI) und fanden heraus, dass Männer häufiger als Frauen übergewichtig waren. Aber Frauen hatten die spezielle Gabe, sich übergewichtig zu fühlen – auch wenn sie es gar nicht waren.

Fast alle Frauen verschätzen sich bei der Rückansicht und halten ihren Po für dicker, als es den Tatsachen entspricht, wie eine amerikanische Studie ergab. Männer sind dagegen eher bescheiden. Sie machen sich viel kleiner und unscheinbarer, als sie sind – vor allem am Bauch. Einer US-Studie zufolge wird alles, vom kleinen Fettansatz über den Bierbauch bis zur ausgewachsenen Wampe, kleiner geredet.

Den Unterschied macht ein Hormon namens Serotonin, das im Blut von Männern deutlich höhere Konzentrationen aufweist als in dem von Frauen und das bei beiden Geschlechtern eine völlig unterschiedliche Wirkung hat, was dazu führt, dass ein sich lichtender Haaransatz oder ein wenig ausgeprägter Waschbrettbauch im männlichen Ego keine weiteren Spuren hinterlässt, Frauen dagegen in eine Sinnkrise verfallen, sobald die ersten Schatten kleiner Dellen an den Oberschenkeln zu erspähen sind. Hormonforscher haben Serotonin den Spitznamen Wohlfühlhormon gegeben, weil es genau dahin gehend wirkt. Es gibt Männern ein gutes Gefühl, schützt vor Depressionen und Selbstzweifeln, macht mutig bis übermütig.

Eine wichtige Rolle im Leben einer Frau spielt auch die Nachbarschaft. Je wohlhabender die nämlich ist, desto größer ist die Wahrscheinlichkeit, dass eine Frau unzufrieden mit ihrem Körper ist. Zu diesen Ergebnissen kommt eine Studie zweier kanadischer Wissenschaftlerinnen von der Montreal University. 895 Frauen aus den Provinzen Alberta, Ontario und Quebec wurden interviewt, und mit Hilfe von Volkszählungsdaten wurde der durchschnittliche Wohlstand ihrer jeweiligen Wohngegend ermittelt. Frauen mit normalem Körpergewicht, die in einer Nachbarschaft mit besser Verdienenden lebten, so zeigte die Erhebung, waren mit einer mehr als 70 Prozent höheren Wahrscheinlichkeit mit ihrem Körper unzufrieden als Frauen in weniger wohlhabenden Gegenden.

Tatsächlich übergewichtige Frauen fühlten sich in einer Reiche-Leute-Gegend sogar mit einer 89-prozentigen Wahrscheinlichkeit mit ihrer Erscheinung unzufrieden. In einer Durchschnittsverdiener-Gegend sank diese Rate auf 71 Prozent.

Sterben Blondinen aus?

Die gute Nachricht zuerst: Obwohl die Presse gern das Gegenteil behauptet, steht mittlerweile fest, dass die Blondinen uns doch noch länger erhalten bleiben, allerdings in deutlich dezimierter Zahl. Zwar gibt die Weltgesundheitsorganisation WHO der Blondine nur noch 200 Jahre, dann soll endgültig Schluss sein und irgendwo auf einer Eisscholle in Skandinavien die letzte Blondine zur Welt kommen. Für Deutschland ist das Ende der Blondine schon ein Jahrhundert früher angekündigt.

Deutlich rückläufig ist die Blondinen-Quote schon heute: Vor 30 Jahren wurden bei uns noch 50 Prozent aller Kinder mit Goldschopf geboren. Heute sind es kaum die Hälfte, und jedes Jahr werden es weniger. Die Gene mit der Erbinformation ›blondes Haar‹ vererben sich rezessiv; zeugt also ein dunkelhaariger Mann mit einer blonden Frau ein Kind, setzen sich bei der Vermischung ihrer Erbanlagen meistens die dominanten dunklen Gene durch. In der Regel müssen Vater und Mutter blond sein, um auch hellhaarige Kinder zu bekommen.

Selbst in Skandinavien steht die Blondine vor dem Aussterben, will der Genetikprofessor Steve Jones vom Londoner University College herausgefunden haben. Die blonde Bevölkerung in Skandinavien und Nordeuropa vermische sich wegen weltweiter Reisen und Einwanderung immer häufiger mit dunkelhaarigen Menschen anderer Regionen, und die blonden Gene blieben dabei auf der Strecke.

Trotzdem sind die Meldungen Panikmache.

Denn nichts verschwindet, was Menschen auf ihren Genen durchs Leben tragen, es sei denn, sie stellen die Fortpflanzung ein. Zwar stimmt es, dass der Anteil blonder Menschen an der Gesamtbevölkerung der Erde in den letzten 50 Jahren dramatisch abgenommen hat und von 40 auf 14 Prozent gesunken ist.

Prognosen über den Untergang der Haarfarbe Blond sind trotzdem Unsinn. Denn die scheinbar alarmierenden Zahlen kommen nicht dadurch zustande, dass die Farbe Blond rezessiv vererbt wird und deshalb einer dominanten dunklen Pigmentierung unterliegt, sondern dadurch, dass die Weltbevölkerung in denjenigen Ländern am schnellsten wächst, in denen die Menschen dunkelhäutig und -haarig sind. Das erklärt den globalen Blondinenschwund und nicht die Erbanlagen.

Und wenn sie doch eines Tages aussterben sollten, bleibt immer noch ein von zwei Männern entwickelter Zaubersud. 1867 bescherten der Brite E. H. Thiellay und der Franzose Léon Hugo den Damen der Pariser Gesellschaft ihr »Eau de fontaine de jouvence d'or« – Wasserstoffperoxid. Das »Wasser vom goldenen Jungbrunnen« machte mit einem Coiffeurbesuch alle verzweifelten Anstrengungen vergangener Zeiten hinfällig. Seither muss, wer blond sein will, weder wie die alten Ägypterinnen Perücken aus Schafwolle, Pferdehaar und Pflanzenfasern basteln noch sich wie einst reiche Römerinnen teuren Goldstaub aufs Haar schütten.

Warum stehen Männer auf Blondinen?

Gentlemen prefer blondes behauptete schon ein Film mit Marilyn Monroe. Und mit dem Schlagwort »Blondine« verbinden nach einer Umfrage der Coventry University 86 Prozent der Männer einen gut gebauten Körper. Wobei das positive Image gar nicht an den Haaren selbst, sondern an den Pupillen der Blondinen liegen soll, wie Psychologen der Universität in Saarbrücken verraten. Die Pupillen erscheinen bei den eher helläugigen Blonden größer als bei einer dunklen Iris. Deshalb wirken Blonde ehrlicher und besser einschätzbar. Das ist aber nur ein geschicktes Täuschungsmanöver: In den blauen Augen stecken gar keine blauen, sondern braune, optisch geschickt gebrochene Pigmente. Blaue Augen sind nichts als eine permanente Täuschung, ähnlich dem Blauschimmer eines Öltropfens auf nassem Asphalt.

Der Anthropologe Hans Wilhelm Jürgens

von der Universität Kiel hat in mehreren überregionalen Tageszeitungen Kontaktanzeigen geschaltet. »Medizinisch-technische Assistentin, 26 Jahre alt, sucht einen passenden Ehepartner«, hieß es da. Es gab nur einen Unterschied: In einer Version suchte eine blonde MTA einen Mann fürs Leben – in der anderen war es eine dunkelhaarige Laborangestellte. Als Antwort erhielt der Professor rund 260 Zuschriften, wobei der Pigmentierungsunterschied Verblüffendes nach sich zog: Mit fast 200 Zuschriften erhielt die Dunkle drei Mal so viele feurige Offerten – nur heiraten wollte sie kein Mann. Für Bausparvertrag, Kinderglück und den künftigen Rentnerspaziergang schien den Freiern die Blonde geeigneter. Die ganz Eifrigen schrieben sogar beiden angeblichen MTA – mit dem jeweiligen Spezialangebot.

Natürlich kennt der Experte einen Grund für solch ein selektives Paarungsverhalten: Es heißt »Small-man-syndrome« und besagt, dass sich ein am unteren Rand der Selbstwertgefühlsskala krebsender Mann nur toll fühlen kann, wenn er etwas so Seltenes wie eine blonde Frau an sich binden kann. Denn echte Blondinen haben nicht nur Aufrichtigkeit versprechende Pupillen. Sie sind auch noch rar. Eine britische Studie belegt sogar, dass Blondinen im Supermarkt mehr Kasse machen. Männer stellen sich bei blonden Kassiererinnen lieber an, auch wenn anderswo die Schlange kürzer ist.

Die Evolutionsforscher sagen, die männliche Vorliebe für Blondinen sei eine schlichte biologische Konditionierung. Blondes Haar erreicht selten die 30 und ist daher ein Indiz für Jugend. Bringt eine Blondine ihr erstes Kind zur Welt, wird ihr Haar dunkler, denn ihr Östrogenspiegel nimmt ab. Nach dem zweiten Kind wird das Haar noch dunkler. Deshalb gibt es nur wenige natürliche Blondinen über 30. Ein Mann, der eine Blondine ehelichte, konnte sich also von jeher ziemlich sicher sein, eine junge Frau im besten Fortpflanzungsalter zu erwählen, die zudem mit ziemlicher Sicherheit noch kinderlos war. Was Männern mit anderen Vorlieben nicht unbedingt gelang, weil sie das wahre Alter der Frau nicht zweifelsfrei anhand ihres Äußeren abschätzen konnten.

Wirken Blondinen dümmer?

1.243 Menschen beantworteten im Internet-Versuch der Universität in Saarbrücken, Fachrichtung Psychologie, Abteilung Attraktivitätsforschung, Projekt »Blondinen bevorzugt«, eine der letzten relevanten Forschungsfragen der Menschheit mit »ja«: Blondinen wirken dümmer – zumindest, wenn ihre Haare zu sehen sind. Eine attraktive Frau wird für weniger intelligent gehalten, wenn sie blond ist.

Den Versuchsteilnehmern wurden 72 Farbfotos präsentiert, auf denen jeweils nur die Haarfarbe der abgebildeten Frauen verändert wurde. Bewertet wurde nach Kriterien wie »attraktiv«, »sinnlich«, »temperamentvoll«, »naiv«, »intelligent«, »kreativ« oder »selbstbewusst«. Waren die Haare auf einem Foto verdeckt, wirkte die kahle Blondfrau immerhin intelligenter als die kahle Schwarzhaarige, nur wenig dümmlicher als eine Brünette mit Platte und genauso schlau wie eine glatzköpfige Rothaarige. Wurde nach der Attraktivität der haarlosen Testfrauen gefragt, schnitt die Blonde schlechter ab als die Brünette. War ihr Schopf dagegen auch nur im Ansatz zu erkennen, bekam sie sogleich mehr Punkte auf der Schönheitsskala, wurde aber als ziemlich temperamentlos und unkreativ eingeschätzt.

Blonde Frauen haben es auch bei Vorstellungsgesprächen schwerer, denn ihre Haarfarbe wird automatisch mit minderen geistigen Fähigkeiten in Verbindung gebracht. Das hat eine Studie der britischen Coventry University ergeben. Dabei wurden Männern und Frauen

Fotos eines 21 Jahre alten Models vorgelegt, das jeweils eine blonde, dunkelblonde, braune und rote Perücke trug. Die Blondine bekam stets die schlechtesten Noten.

OB FRAUEN LIEBER SHOPPING ODER SEX MACHEN, WENIGER FREMDGEHEN UND WARUM SIE NICHT ZWISCHEN SEX UND LIEBE UNTERSCHEIDEN KÖNNEN

Machen Frauen lieber Shopping oder Sex?

Dass Frauen lieber shoppen gehen, als Sex zu haben, hat man als Mann schon immer vermutet. Eine britische Studie hat diese erstaunliche Neigung zum Einkaufsstress jetzt sogar statistisch belegt. Die Untersuchung hat ergeben, dass jede zweite Frau einen ausgedehnten Einkaufsbummel einer Liebesnacht vorzieht. 93 Prozent der Männer gehen dagegen lieber mit ihren Frauen ins Bett, als ihnen die Einkaufstüten zu tragen.

Dahinter soll eine lange evolutionäre Tradition und die wenig neue Erkenntnis stehen, dass Männer Jäger und Frauen Sammlerinnen sind. Die Zeitschrift *Psychologie heute* führt dazu den New Yorker Konsumforscher Paco Underhill als Beweis an. Der meint, dass ein Mann in ein Geschäft geht, dort gezielt nach etwas sucht und wenn er es nicht findet, schnell das Weite sucht. Das gleiche dem Verhalten eines Jägers, der in den Wald geht, um Rehe zu jagen, eine vorbeifliegende Wildgans dabei aber nicht beachtet. Eine Frau und Sammlerin dagegen, die Beeren sucht und zufällig einen Baum voller Nüsse sieht, werde diesen nicht links liegen lassen.

Nach Underhills Studien verwenden zwei Frauen, die zusammen einkaufen gehen, dafür mehr Zeit und geben mehr Geld aus als eine Frau allein oder eine Frau in Begleitung eines Mannes. Männer sollen dagegen durch verkaufspsychologische Tricks leichter beeinflussbar sein. Sie seien so verzweifelt bemüht, den Laden möglichst schnell wieder zu verlassen, dass sie fast zu allem Ja und Amen sagen, meint der Psychologe.

Das hat natürlich Auswirkungen aufs Verkaufsgespräch: Wenn ein Pärchen zum gemeinsamen Einkauf schreitet, wird der gewitzte Verkäufer das Gespräch mit der Frau führen, den Abschluss aber mit dem Mann tätigen. Insgesamt stören Männer aber beim Einkauf. Das belegt eine andere Statistik: Eine Frau, die ein amerikanisches Haushaltswarengeschäft in Gesellschaft einer anderen Frau betritt, bleibt durchschnittlich acht Minuten im Laden, eine Frau in Gesellschaft eines Mannes nur halb so lange. Deshalb empfiehlt Underhill als verkaufspsychologisch oberstes Ziel, den Mann ruhig zu stellen.

Der Sex besitzt bei Frauen generell nicht den Stellenwert, dessen er sich bei Männern erfreut. Die Liste der Dinge, die Frauen lieber sind als Sex, ist ziemlich lang. Frauen würden zum Beispiel eher auf Sex als auf Küsse verzichten. Ihre Frisur ist ihnen ebenfalls wichtiger als Sex. Eine von der Shampoo-Firma »Salon Selectives« in

Auftrag gegebene Studie enthüllte, dass Frauen im Schnitt 48 Minuten am Tag an Sex denken. Fast genauso lange (43 Minuten) machen sie sich Gedanken wegen ihrer Haare. 20 Prozent aller Frauen erklärten sogar, dass sie zugunsten einer stets perfekt sitzenden Frisur auf ein erfülltes Sexleben verzichten würden. Und 42 Prozent aller Frauen finden es wichtig, beim Sex gut auszusehen. Das ist das Ergebnis einer umfangreichen Studie, die das Kölner Rheingold-Institut im Auftrag der Zeitschrift *Freundin* durchführte.

Reden Männer mehr über Sex als Frauen?

Die Kirche hatte noch im letzten Jahrhundert ihre eigenen Ansichten über Gespräche rund um die böse Sünde des Geschlechtsverkehrs. Als Ursachen für die Pest wurden vom Papst und anderen Heiligen neben Theaterbesuchen und Olivenöl auch das Reden über Sex angesehen. Wenn das zutreffen würde, müssten Frauen häufiger von der Seuche befallen werden als Männer. Letzteren wird zwar immer vorgeworfen, sie dächten alle 20 Minuten nur an das Eine. Mehr darüber reden aber eindeutig Frauen, wie mehrere Untersuchungen gezeigt haben. Unter anderem eine Studie zweier Wissenschaftlerinnen von der Pennsylvania State University. Eva Lefkowitz und Heather Petterson befragten Studentinnen und Studenten zu der Häufigkeit, mit der sie sich mit der besten Freundin beziehungsweise dem besten Freund über Sex austauschten. Heraus kam, dass Frauen über alle diesbezüglichen Themen, abgesehen von dem der Masturbation, häufiger sprechen als Männer. Was nicht weiter überrascht, da Frauen am Tag ungefähr doppelt so viele Wörter in den Mund nehmen wie Männer. Die US-Soziologin Dianne Hales hat bei Frauen durchschnittlich 23.000 Wörter am Tag mitgezählt, bei Männern kam sie nur auf 12.000. Ein britisches Forscherteam kam zwar nur auf wortkarge 8.000 Vokabeln bei der Frau. Dafür beim Mann aber auch nur auf 4.000 Wörter, womit die Relation gewahrt blieb.

Bei Männern ist das beliebteste Gesprächsthema nach einer repräsentativen Emnid-Umfrage nicht der Geschlechtsverkehr, sondern mit 46 Prozent der Beruf. Dann folgt der Sport mit 35 Prozent und die Frauen mit 29 Prozent, das Auto mit 26 Prozent und erst ganz zum Schluss der angebliche Spitzenreiter Sex mit schlappen sechs Prozent.

Welchen Einfluss hat der Mond auf das Liebesleben von Frauen?

Was der Mond alles bei Frauen bewirken soll, ist schon rekordverdächtig. So soll der Vollmond positive Einflüsse auf die Libido einer Frau haben, außerdem werden angeblich in dieser Zeit mehr Kinder geboren, die dann auch noch besonders schön sind. Schon immer schwappten derartige Legenden durchs Land. So musste in der Oberpfalz früher das Ehebett vor Mondschein bewahrt werden, weil eine Schwängerung im Mondlicht blöde und mondsüchtige Kinder zur Folge habe. Und schwangere Frauen sollten nicht in den Mondschein sehen oder sich von ihm bescheinen lassen, um eine Mondsucht des Kindes zu vermeiden.

Den Mythen zufolge hatte Luna aber auch einen Einfluss auf den Mann. Denn, so sagte man, wenn ein Mann bei Mondenschein sein Wasser lässt und danach zum Weibe geht, so wird es mondschwanger. Das Weib gebiert dann eine Missgeburt, ein Mondkalb.

Im alten China war man dagegen besorgt, wenn eine Sonnenfinsternis auftrat. Denn die galt als schlechtes Vorzeichen und entstand immer dann, wenn sich der Herrscher und seine Frauen nicht an die Regeln hielten: Wenn sich der Kaiser zu sehr von einer Kaiserin beherrschen lässt, unterliegt die Sonne, das Yang, das Männliche, Helle, dem Mond, der dem Yin, dem weiblichen Prinzip, der Dunkelheit, zugeordnet wurde. Eine Mondfinsternis wiederum war also ein Zeichen dafür, dass die Frau nicht folgsam war.

Eines hat die Wissenschaft aber bestätigt: Bei Vollmond kommen Frauen leichter zum Orgasmus als an anderen Tagen und sind um rund 30 Prozent sexuell aktiver. Das behauptet jedenfalls eine amerikanische Studie, die 1999 in dem angesehenen Fachblatt *New England Journal of Medicine* veröffentlicht wurde. Selbst die Weltgesundheitsorganisation WHO ist derartigen Legenden auf den Grund gegangen, konnte aber nur feststellen, dass statistisch Frauen im Winter schwerer zum Orgasmus kommen als im Sommer.

Falsch ist dagegen, dass bei Vollmond mehr oder schönere Kinder geboren werden. Frauen sind bei Vollmond nicht fruchtbarer als zu Zeiten einer Mondfinsternis. Es gibt zwar Tiere, bei denen die Fortpflanzung in direktem Zusammenhang mit den Mondphasen steht, wobei gerade der Vollmond das Zeichen für die Fortpflanzung zu sein scheint. Das hat aber rein praktische Gründe: Meerestiere legen ihre Eier bevorzugt bei Vollmond ab, weil sie dann den hohen Wasserstand nutzen können. Eine Tatsache, die eigentlich schon seit 200 Jahren bekannt ist. Bereits 1806 wurde in Frankreich eine Studie veröffentlicht, die sich mit dem Zusammenhang zwischen Mondphasen und der Monatsregel befasste. Der Gynäkologe H. Hosemann hat schon in den fünfziger Jahren des letzten Jahrhunderts die bis dahin existierenden Studien über den Einfluss des Mondes auf die weibliche Fruchtbarkeit einer gründlichen Analyse unterzogen und kam zu dem gleichen Ergebnis wie seine Kollegen 150 Jahre zuvor: Es ist nichts dran, an Voll- beziehungsweise Neumond haben nicht mehr Frauen ihren Eisprung als an anderen Tagen.

Machen stillende Mütter Frauen scharf?

Originelle Schnupperversuche mit Frauen belegen, dass schon der Geruch einer stillenden Mutter das sexuelle Verlangen einer kinderlosen Geschlechtsgenossin wecken kann.

Das berichtet jedenfalls die Zeitschrift *New Scientist*, die sich auf eine Studie der Ärztin Dr. Martha McClintock von der Chicago University beruft. Diese ließ Frauen mehrere Monate lang regelmäßig an Tupfern schnüffeln, die stillende Mütter vorher in ihren BHs oder Achselhöhlen getragen hatten. Eine Kontrollgruppe bekam nur einen geruchsneutralen künstlichen Duft unter die Nase gehalten. Ergebnis: Die Frauen, die den Duft der stillenden Mütter aufnahmen, entwickelten ein sehr viel regeres sexuelles Verlangen als vorher. Wohl deshalb werden in einigen Kulturen frisch verheiratete junge Frauen ermutigt, die Gesellschaft stillender Mütter zu suchen. Für unsere Vorfahren könnte das Duftsignal der stillenden Mütter den Sinn gehabt haben, auf günstige Bedingungen zum Großziehen von Kindern hinzuweisen, so vermuten die Forscher.

Warum können Frauen nicht zwischen Sex und Liebe unterscheiden?

Die Frauenzeitschrift *Cosmopolitan* hat eine Umfrage in Auftrag gegeben, die klären sollte, was Frauen beziehungsweise Männer am jeweils anderen Geschlecht am meisten stört. Auf Platz eins der Frauenklagen landete dabei die mangelnde Aufgeschlossenheit von Männern gegenüber weiterführenden Gesprächen. Insbesondere, wenn es um Gefühle geht. Vizemeister in dieser Erhebung waren die vergessenen Geburtstage, vor dem Vorwurf, dass Männer über Liebe reden, wenn sie eigentlich Sex meinen. Bei den Männerklagen sah die Reihenfolge ähnlich aus. Sie beschwerten sich zuallererst darüber, dass Frauen ständig über ihre Gefühle reden wollen, dass sie so viel Aufhebens um ihren Geburtstag machen und dass sie zwischen Sex und Liebe nicht unterscheiden können.

Woher die Gedächtnislücke in Bezug auf Geburtstage kommt, soll hier nicht weiter untersucht werden. Für den Rest der Klageschrift gibt es dagegen eine chemische und eine evolutionäre Erklärung. Liebe ist ja bekanntlich nichts als ein simpler chemischer Vorgang, eine Reihe von Kettenreaktionen im Gehirn, die ihrerseits geistige und körperliche Veränderungen auslösen. Die Kommunikation im Gehirn erfolgt durch Botenstoffe, Milliarden von Neuronen und Neuropeptiden, die über den gesamten Körper verteilt sind. Die emotionalen Reaktionen im Körper werden dadurch gesteuert, dass die Botenstoffe an aufnahmebereite Rezeptoren andocken.

Wodurch ein Problem auftaucht. Beim Mann werden diese Prozesse verstärkt während des Geschlechtsverkehrs in Gang gesetzt, während Frauen anders gepolt sind. Sie sind in der Regel erst zum Sex bereit, wenn die chemische

Liebesreaktion bereits in vollem Gang ist. Was die bekannten Probleme mit sich bringt.

An der Vanderbilt University in Kanada wurde erforscht, warum es Männern davor graut, ihr Innerstes nach außen zu kehren. Untersuchungen ergaben, dass sie Gefühle genauso intensiv durchleben wie Frauen, diese aber besser unter Kontrolle haben. Die Psychologen spielten Männern und Frauen Filme vor – zum Lachen, Heulen oder Fürchten. Sie zeichneten dabei Biofunktionen wie Pulsschlag oder Hautfeuchtigkeit auf und beobachteten die Mimik der Zuschauer. Bei den Frauen konnte man die Emotionen an den Gesichtern ablesen, Männer wirkten dagegen wie versteinert. Dafür waren ihre vom Computer gemessenen körperlichen Erregungswerte deutlich höher.

Neben der Tatsache, dass es in der Steinzeit sicher nicht von Vorteil war, einem Säbelzahntiger seine Angst zu zeigen, sieht der renommierte Psychologe David Buss einen weiteren Vorteil in der angeblichen männlichen Gefühlskälte. Das Fortpflanzungsmaterial des Mannes lässt sich leichter splitten als das der Frau, und deshalb kann ein Mann in mehrere Beziehungen gleichzeitig investieren. Im Klartext: Eine Frau kann in einem Jahr nur von einem einzigen Mann ein Kind empfangen. Ein

Mann kann dagegen seine Kräfte und Mittel durchaus auf zwei oder mehrere Frauen aufteilen. Daher soll es einst nicht in seinem Interesse gelegen haben, durchblicken zu lassen, wie intensiv seine Wünsche nach einer Partnerschaft sind.

GEHEN FRAUEN WENIGER FREMD?

Mozarts Don Giovanni rühmte sich, allein in Spanien 1.003 Frauen verführt zu haben. Das klingt eindrucksvoll, ist aber wenig, wenn man bedenkt, dass er dafür 30 Jahre Zeit hatte. Berücksichtigt man diesen Umstand, überzeugte er nämlich gerade mal alle elf Tage eine spanische Dame von seinen Fähigkeiten. Was im Vergleich zu Trauerschnäppermännchen eine ziemlich schlappe Leistung ist. Diese Vögel treiben sich bei der Futtersuche gerne herum, und ihre Lieblingsbeschäftigung ist der Versuch, fremde Weibchen zu begatten. Ihre Erfolgsquote dabei ist rekordverdächtig. Sobald einer von ihnen sein Revier verlässt, dauert es durchschnittlich zehn Minuten, bis ein anderes Trauerschnäppermännchen auftaucht und dem verlassenen Weibchen nachstellt. Nach statistisch 34 Minuten Liebeswerben erreicht er dann auch sein Ziel, weshalb bei diesen Vögeln Hochrechnungen zufolge 24 Prozent aller Jungen außerehelicher Abstammung sind. Bei dem Vater handelt es sich meistens um den netten Nachbarn von nebenan.

Bei Menschen schwanken zwar die Umfrageergebnisse je nach Quelle erheblich, sagen aber alle wenig überraschend, dass Männer häufiger fremdgehen als Frauen. Wenn sich aber beispielsweise 30 Prozent der Frauen und 60 Prozent der Männer Seitensprünge leisten, stellt sich doch die Frage, mit wem der Rest der Betrüger Sex hat. Das horizontale Gewerbe scheidet als Ventil für die zu kurz Gekommenen aus, da ein Besuch in einem solchen Etablissement den gleichen Untersuchungen zufolge von Männern nicht als Seitensprung gezählt wird.

Ein schlauer Meinungsforscher hat einen Zipfel des Schleiers gelüftet, indem er nach Einsammeln der Fragebogen auf die Idee kam, unter vier Augen zu fragen, ob man denn alles ehrlich beantwortet habe. Die meisten Männer gaben zu, bei der Zahl ihrer Eroberungen ein wenig übertrieben zu haben, während viele Frauen auf Nachfrage gestanden, den einen oder anderen Seitensprung verschwiegen zu haben.

Die Forscher bestätigen, dass Frauen beim

Seitensprung wesentlich geschickter vorgehen als Männer. Beispiele aus dem Tierreich untermauern das. Bekannt ist ein Film von einer Affendame, die am Boden nach Futter sucht, während ihr Gefährte sie von einem hohen Ast aus aufmerksam beobachtet. Ihr nähert sich ein anderer männlicher Affe. Er setzt sich nieder und zupft unschuldig an seinem Fell, wobei er seine Erektion vor ihrem Gatten verbirgt. Sobald die Aufmerksamkeit des Bewachers abgelenkt ist, klopft er der Affenfrau auf die Schulter. Im Nu steht sie vor ihm und präsentiert sich, und er bespringt sie. Das geht so blitzschnell, dass sie, als der gehörnte Ehemann wieder in ihre Richtung blickt, schon wieder Futter sucht.

Leipziger Verhaltensforscher haben eine Truppe von Schimpansen 14 Jahre lang intensiv beobachtet und ihre Fortpflanzungsgewohnheiten bis ins kleinste Detail studiert. Irgendwann wollten sie dann wissen, wer denn nun der Star aller Begatter unter den Männchen war, und haben mit einem Vaterschaftstest die Abstammung der Jungen überprüft. Ergebnis: Über die Hälfte der Nachkommen war von Männchen gezeugt worden, die nicht der Gruppe angehörten. Die Weibchen waren über all die Jahre fremdgegangen, ohne dass die Forscher dies bemerkt hätten.

Ein besonders dreister Fall ist auch von einem kleinen braunen Vogel, der Heckenbraunelle, bekannt. Anfangs sieht man Männchen und Weibchen Seite an Seite über eine Rasenfläche hüpfen und nach Futter picken. Als die beiden an einen Busch kommen, geht das Männchen auf der einen Seite herum, das Weibchen auf der anderen. Kaum schirmt sie ein Busch von ihrem Partner ab, fliegt sie blitzschnell in ein nahegelegenes dichtes Pflanzenbeet. Dort kopuliert sie dann mit einem wartenden Männchen und flattert nach vollzogenem Seitensprung zurück hinter den Busch. Einige Sekunden später sind Männchen und Weibchen an dem Busch vorbeigehüpft, sodass sie sich wieder sehen können. Weiterhin nach Futter pickend, tut das Weibchen so, als wenn nichts gewesen wäre.

Warum droht bei Eisprung Seitensprung?

Im Schweiß des Mannes lässt sich eine Substanz namens Androstenol nachweisen, die moschusartig riecht. Frauen nehmen diesen Duft ganz unterschiedlich wahr, je nachdem, in welcher Phase ihres Zyklus sie sich befinden. Normalerweise finden sie ihn ganz schrecklich und assoziieren ihn mit Käsefüßen, Turnhallenmief und Männerklos. Das ändert sich zum Zeitpunkt ihres Eisprungs, wo sie ihn plötzlich sehr aufregend finden. Bei einem Schnüffeltest sagte eine Frau: »Stark parfümiertes Rasierwasser, Männer, die versuchen, interessanter zu wirken und Unsicherheit zu überbrücken.«

Der amerikanische Wissenschaftler Michael Kirk-Smith hat einen Mundschutz mit Androstenol besprüht, ihn Frauen übergestülpt und ihnen dann erotische Fotos gezeigt. Dabei waren Frauen, die diese Maske trugen, schneller erregt als eine nicht vom Duft beeinflusste Kontrollgruppe. Männer, denen der besprühte Mundschutz aufgesetzt wurde, reagierten gereizt auf den Duft der Konkurrenz. Ein anderes Forscherteam besprühte einige Stühle im Wartezimmer eines Arztes mit dem männlichen Pheromon, was dazu führte, dass diese Sitzgelegenheiten sehr viel häufiger von Frauen frequentiert wurden.

Dass Frauen an ihren fruchtbaren Tagen mehr Lust auf Sex haben als an ihren unfruchtbaren, ist wenig erstaunlich. Erstaunlicher ist, wem das zugute kommt, nämlich nicht den Ehemännern. In einer Untersuchung des Psychologen Steve Gangestad von der New Mexico University bestätigten alle befragten Frauen das größere sexuelle Interesse während ihrer fruchtbaren Tage. Ihr Interesse galt allerdings nicht ihren festen Partnern, die befragten Frauen gaben an, mehr sexuelle Phantasien zu haben, in denen sie es mit fremden Männern treiben.

Ein Umstand, der Männern unbewusst bekannt sein muss. Als die gleichen Frauen nämlich gefragt wurden, ob sich die Aufmerksamkeit ihrer festen Partner im Zeitraum um den Eisprung veränderte, gaben sie an, die Wachsamkeit und Bemühungen ihrer Partner bis hin zu besitzergreifendem Verhalten habe sich um etwa 30 Prozent vermehrt. Die Männer riefen häufiger unerwartet bei ihnen an, verwöhnten sie mit Geschenken oder verbrachten besonders viel Zeit mit ihnen. In einigen Fällen versuchten sie gar, Konkurrenten herabzusetzen oder ihre Partnerin einzuschüchtern. Bemerkenswerterweise berichteten aber Frauen über eine stärkere Lust auf fremde Männer, je mehr sie von ihren festen Partnern kontrolliert wurden.

Auch der österreichische Verhaltensforscher Karl Grammer kam zu einem ähnlichen Ergebnis, als er in Wiener Diskos Frauen fotografierte. Es wurde ermittelt, wie viel Haut entblößt war und wie eng und durchsichtig ihre Kleider waren. Ferner stellte man durch einen Speicheltest fest, ob die Frauen gerade in der fruchtbaren Phase waren oder nicht. Das Ergebnis überraschte, denn gerade die Frauen, die in festen Händen waren, kleideten sich zumeist aufreizender als die Frauen, die keinen festen Partner hatten.

Laut einer Schätzung der *Ärztezeitung*, die sich auf deutsche und englische Statistiken bezieht, sind fünf bis zehn Prozent aller Neugeborenen Kuckuckskinder. Das wären in Deutschland 35.000 bis 70.000 Kinder pro Jahr. Auch bei Vögeln sind genetischen Untersuchungen zufolge 40 Prozent des Nachwuchses nicht von dem Männchen gezeugt, das sie aufzieht. Der genetische Lohn für ein solches Verhalten ist messbar: Norwegische Forscher haben kürzlich herausgefunden, dass außerehelich gezeugte Vogelkinder in der Regel gesünder und kräftiger sind als Nachkommen aus festen Beziehungen.

Am geringsten soll die Neigung einer Frau zur Untreue vor der Zeugung ihres zweiten Kindes sein. Bei weiteren Kindern steigt die Wahrscheinlichkeit, dass sie das Produkt einer Affäre sind. Den Ergebnissen des Biologen Robin Baker zufolge können sich Männer beim zweiten Kind am sichersten sein, dass es ihn zu Recht »Papi« nennt. Das Erstgeborene dagegen habe oft der Vorgänger des Ehemanns gezeugt, berichtet Baker, während der dritte Sprössling nicht selten das Ergebnis eines Seitensprungs der Mutter sei.

WIE GROSS DAS HERZINFARKTRISIKO BEIM SEX IST, WELCHEN ZWECK DIE NUMMER AM SAMSTAGABEND HAT UND WIE GUT DER ITALIENER ALS LIEBHABER IST

Wie gross ist das Herzinfarktrisiko beim Sex?

Der bekannteste Fall von Liebestod (lat.: Mors in Coitu) ist das traurige Dahinscheiden von König Adolf von Schweden. Er soll auf einer Hamburger Hafenhure zum letzten Mal gekommen sein, bevor er ging. Aber, um es gleich vorweg zu sagen, Sex ist nicht gefährlicher als Treppen steigen oder leichte Hausarbeit. Ein erhöhtes Gefahrenpotenzial, dass die Pumpe nicht mehr mitmacht, besteht nur bei Seitensprüngen oder wenn man es in außergewöhnlichen Stellungen treibt.

Wenn man dann noch die Ursachen für den gewöhnlichen Herztod weiter aufschlüsselt, kommt der beim Sex nur auf einen der ganz unteren Ränge. Schwedische Forscher haben das aufgespürt, indem sie 699 Patienten nach ihrem ersten Herzinfarkt gefragt haben, was sie denn zuvor getan hatten. Nur 1,3 Prozent der Befragten gaben an, in den letzten zwei Stunden vor dem Infarkt mit ihrer Partnerin im Bett gelegen zu haben. Selbst wenn man die Dunkelziffer der Schwindler mit einbezieht, ist dieser Wert statistisch zu vernachlässigen. Bei einer anderen Kontrollstudie, bei der nicht geschwindelt werden konnte, ergab die Autopsie von 10.365 unerwartet verstorbenen Männern, dass von 43 Personen, die durch plötzlichen Stress verstarben, nur drei während des Beischlafs umgekommen waren. Was bedeutet, wie die *Münchner Medizinische Wochenzeitschrift* bestätigt, dass sich weniger als ein Prozent aller unerwarteten Todesfälle beim Beischlaf ereignen.

Ganz genau nachgemessen hat der amerikanische Herzspezialist Morris N. Kotler aus Philadelphia. Nach seinen Berechnungen steigt der Puls beim Orgasmus auf 120 bis 140 Schläge pro Minute und der Blutdruck auf Werte von 40 bis 100 Millimeter Hg. Messdaten, die nicht weiter bedenklich sind, da das Herz beim schnellen Gehen, Fensterputzen oder Treppensteigen ähnlichen Belastungen ausgesetzt ist. Wer also ohne Probleme einen Staubsauger bedienen und Gegenstände bis zu 20 Kilogramm tragen kann, muss sich auch im Bett nicht zurückhalten.

Nach Kotlers Hochrechungen bedeutet Geschlechtsverkehr bezogen auf den Infarkt etwa doppeltes Risiko. Was auf den ersten Blick alarmierend klingt, es aber nicht ist, wie eine einfache Überschlagsrechnung zeigt. Ein gesunder, 50 Jahre alter Mann hat statistisch im Jahr ein Infarktrisiko von einem Prozent, was einer Wahrscheinlichkeit von eins zu einer Million entspricht. Beim Sex ist das Risiko doppelt so hoch. Also zwei zu einer Million, was aber immer noch sehr gering ist.

Schlecht für das Herz sind Seitensprünge und Sex in gewagten Stellungen. Der Londoner Professor Graham Jackson hat diese Randzone der Sexualität näher untersucht und kam zu alarmierenden Ergebnissen. Etwa 75 Prozent aller Todesfälle beim Verkehr ereignen sich außer Haus, und durch abenteuerliche Verrenkungen wird das Risiko noch weiter erhöht. Extrem gewagte Stellungen sind einfach zu anstrengend für ein sensibles Männerherz. Rund die Hälfte der von Professor Graham beim Sex registrierten Todesfälle geschahen bei solchen Spielereien. Was nach Auskunft des Experten besonders dann zutrifft, wenn ein älterer verheirateter Mann mit einer jungen unverheirateten Frau derartige Experimente wagt. Als herzschonend gilt dagegen die »Male on bottom«-Stellung, bei welcher der Mann unten liegt und die Frau oben die meiste Arbeit zu erledigen hat. Auch Herzspezialist Kotler bestätigt Grahams Forschungen. Er hat 28 Männer untersucht, die beim Geschlechtsverkehr dahingerafft wurden. 25 von ihnen starben im Hotel in den Armen einer fremden Frau, die im Schnitt 20 Jahre jünger war als der Mann. Der Coitus communis, der eheliche Beischlaf, ist dagegen völlig ungefährlich, wie eine japanische Studie belegt. Von 34 Liebestoden geschahen nur sieben in den Armen des Partners, die restlichen Todesfälle waren das Resultat eines Seitensprungs. Eine vergleichbare deutsche Studie kam auf drei tote Männer im Ehebett und 27 beim nicht legitimierten Verkehr ohne kirchlichen Segen.

Welchen Zweck hat die Nummer am Samstagabend?

Ein Biologe hat untersucht, warum man in einer längeren Beziehung regelmäßig miteinander schläft, obwohl, wie jeder weiß, die erotischen Bemühungen mehr der Gewohnheit als der Lust entspringen. Und man es trotzdem in den kommenden Wochen, Monaten und Jahren wieder und wieder tut. Was ja eigentlich erstaunlich ist, aber für die Routinenummer am Samstagabend nach dem *Aktuellen Sportstudio* oder am Sonntag nach *Christiansen* soll es, neben dem wichtigen Aspekt der Pflege einer harmonischen Partnerschaft, einen tieferen biologischen Sinn geben.

Die Einwohner Melanesiens haben zu derartigem Gewohnheitssex interessante Ansichten. Sie denken, beim Geschlechtsverkehr geht es ähnlich zu wie beim Ackerbau: Der Mann pflanzt einen Keim in die Frau und muss ihn dann pflegen und nähren wie eine Feldfrucht, damit er gedeiht. Deshalb glaubt man in diesem schönen Land, es sei notwendig, oft und regelmäßig Geschlechtsverkehr zu haben, damit das Baby nicht verhungert.

Der britische Wissenschaftler Robin Baker hat eine andere Theorie. Danach führen Männer einen beständigen Spermienkrieg untereinander. Der Zweck dieser Zellschlacht ist das Bestreben, dem eigenen Samen die Exklusivrechte auf die Befruchtung der Eizelle der Partnerin zu sichern, falls, was theoretisch vorkommen kann und in der Steinzeit auch öfter passiert ist, die Spermien von mehreren Männern um das Recht zur Zeugung kämpfen.

Es gibt Tiere, die den lästigen Konkurrenzkampf um die Frauen auf elegante Weise überflüssig gemacht haben. Sie verlegen das Turnier von der Balzarena in den Körper der Weibchen. Dort konkurrieren dann stattdessen die Spermien der verschiedenen Freier. Schimpansen etwa haben dieses System gewählt. Einige Tierweibchen, die das Problem haben, dass sie alleine leben und daher selten Männchen treffen, heben sich den Samen von der letzten Begegnung einfach auf, bis er gebraucht wird. Manche Arten können ihn jahrelang in ihrem Körper horten. Den Rekord hält die Javajanische Warzenschlange. Bei ihr bleibt das Sperma sieben Jahre lang verwendungsfähig. Auch Vögel und Säugetiere setzen auf sexuelle Vorratshaltung. Ein weiblicher Feldhase kann Sperma 30 Tage lang frisch halten, Fledermäuse sogar 198, eine Truthenne 117 und ein Kanarienvogel 68 Tage. Die besten Spermien machen dann irgendwann das Rennen.

Ehemänner haben nach Baker eine genauso schlaue Strategie dafür entwickelt. Eine Samenzelle kann mehrere Tage im Körper der Frau überleben und wartet in Ruhezonen im Eileiter darauf, dass eine Eizelle vorbeikommt, um sich dann gemeinsam mit anderen sogleich auf diese zu stürzen. Wer zuerst kommt, zeugt zuerst. Schlecht ist, wenn eine Eizelle vorbeischwimmt, aber keine Samenzelle da ist, um diese seltene Gelegenheit zu nutzen. Deshalb hat die Natur es so eingerichtet, dass sich im Gebärtrakt der Frau eine Art Samenspeicher befindet, der ständig für einen Vorrat an frischen Geschlechtszellen sorgt. So ist sichergestellt, dass keine Gelegenheit verstreicht, falls dann doch ein Ei des Weges kommt.

Dabei wird kein Unterschied gemacht, von wem die Geschlechtszelle des Vaters in spe stammt, und die besten Chancen hat natürlich der Mann, von dem sich die meisten Geschlechtszellen am Rennen beteiligen, was erklärt, warum ein Mann unbewusst versucht, durch regelmäßigen Sex dafür zu sorgen, dass sich möglichst viele seiner Samenzellen in den Vorratslagern seiner Frau aufhalten. Wie Baker ausgerechnet hat, ist dies am wahrscheinlichsten, wenn ein Mann alle vier bis fünf Tage mit seiner Partnerin schläft. Die Speicher sind dann immer bis an den Rand gefüllt, und ein Mann kann sich ziemlich sicher sein, kein Kuckucksei untergeschoben zu bekommen.

Es soll aber noch einen zweiten Grund geben, der für regelmäßigen Verkehr in der Beziehung spricht: Frauen verwirren Männer unter anderem dadurch, dass sie im gesamten Verlauf ihres Zyklus in unberechenbarer Weise den Geschlechtsverkehr anstreben oder auch nicht. Baker und andere Wissenschaftler haben in Studien bewiesen, dass die Neigung der Frau zum gewohnheitsmäßigen Sex in einer Beziehung in den zwei Wochen nach dem Eisprung, wenn sie nicht schwanger werden kann, größer ist als in den rund zwei Wochen, in denen sie schwanger werden könnte. Was nichts anderes heißt, als dass Frauen unbewusst darauf programmiert sind, den Genen möglicher Liebhaber bessere Startchancen zu geben als denen des Ehemannes. Statistisch kann man diesen

Unterschied nachweisen, wenngleich Männer und Frauen ihn nicht erkennen können. Die einzige wirksame Strategie, mit der ein Ehemann dagegenhalten kann, ist die, jede Woche nach dem *Sportstudio* noch ein zweites Mal zur Höchstform aufzulaufen.

Wozu sind die stossenden Bewegungen beim Verkehr gut?

Im Rahmen ihrer Forschungsarbeiten haben Baker und Kollegen ein weiteres Mysterium gelüftet. Sie sind der Frage auf den Grund gegangen, wozu die Penetration während des Geschlechtsverkehrs gut ist. Theoretisch wären diese Bemühungen überhaupt nicht nötig, es würden sich auch andere Wege finden, die Aufgabe zufrieden stellend zu meistern. Frauen wären zum Beispiel mit Sicherheit für die Idee zu begeistern, stattdessen das Nachspiel vorzuziehen und nur zu kuscheln.

Das beste Stück des Mannes wird ja meistens eher unter funktionalen als unter ästhetischen Gesichtspunkten betrachtet. Dabei geht seine Funktion weit über die simple Aufgabe hinaus, den Samen am Ende der Scheide abzuliefern. Seine Form, Größe und Gestalt soll er unter anderem aus einem Grund bekommen haben, der erklärt, warum wir es so treiben, wie wir es treiben. Die stoßenden Bewegungen sollen nämlich nichts anderes als eine Art Großreinemachen sein, um vor der Ejakulation Samenzellen eines möglichen Konkurrenten aus der Vagina der Partnerin zu entfernen, die theoretisch den eigenen Fortpflanzungserfolg in Frage stellen könnten.

Entdeckt wurde das, als man das Geschlechtsleben von Insekten wissenschaftlich durchleuchtete. Die meisten Insekten halten wenig von Treue, was für die Männchen ein Problem aufwirft. Die Weibchen paaren sich mit so ziemlich jedem willigen Männchen, wobei besonders gemein ist, was sie mit deren Samenzellen machen: Wenn die genetische Ausstattung des Sexualpartners nicht gefällt, wird sein Sperma einfach wieder ausgeschieden. Außerdem können Insektenweibchen Sperma tage-, monate- und sogar jahrelang speichern, um sich dann zu entscheiden, welches denn das Beste sei und die Eizelle befruchten darf.

Wenn ein Insektenmann seine Gene weitergeben will, hat er dazu zwei Möglichkeiten: Entweder ist er ein ganz toller Kerl und das angebotene Erbgut wird freudig akzeptiert, oder aber er schafft das Sperma der Konkurrenz einfach beiseite, bevor er selbst zur Tat schreitet. Ein Libellenmännchen etwa beseitigt mit seinem Penis erst einmal das, was ein Vorgänger in seiner Partnerin zurückgelassen hat. Bei anderen Insektenarten werden fremde Geschlechtszellen verdünnt, noch andere verschließen die Genitalöffnung mit einem Pfropfen. Wem das alles nicht gelingt, der greift zur Holzhammermethode und bewacht das Weibchen einfach bis zur Eiablage.

Und was für die Insekten gilt, soll beim frühen Menschen nicht anders gewesen sein. Die Evolutionsbiologen sagen, der Penis sei eigentlich eine Art Staubsauger und die rhythmischen Stöße nichts als ein Hausputz. Was aber letztendlich die Bestätigung dafür ist, dass die Größe doch eine Rolle spielt.

Wie wurde der Oralsex erfunden?

Bei Männern ist Oralsex ja außerordentlich populär, und es wird viel Wind darum gemacht. Das war schon 1835 so, zu der Zeit, als der eher schmutzige Ausdruck »einen blasen« geprägt wurde. Wer dabei aber Unanständiges denkt, liegt falsch, geblasen wurde nämlich nur unter streng medizinischer Aufsicht.

In jenen Jahren waren allerlei merkwürdige Geräte in Umlauf, die die Aufgabe hatten, Frauen von der angeblich typischen Frauenkrankheit Hysterie zu erlösen. Als Auslöser der Hysterie wurde eine schlechte sexuelle Versorgung des Unterleibes der Frau angesehen, und man versuchte dem Leiden mit besagten Geräten – ähnlich einem Vibrator – zu Leibe zu rücken.

Ein berühmter schwedischer Tüftler namens Gustav Zander ersann damals einen Apparat, der bald als »Schwedische Bewegungsmaschine« Einzug in viele Arztpraxen und Kurbäder hielt. Es handelte sich um eine pedalbetriebene Windapparatur, deren Zweck es war, die Patientin mit einem kühlen Luftzug von ihren Beschwerden zu befreien. Die abenteuerliche Konstruktion war natürlich völlig wirkungslos, weil die ganze Theorie dahinter zwar medizinisch anerkannt, aber auch ziemlich idiotisch war. Den Volksmund schien Zanders Erfindung jedoch zu faszinieren, denn seitdem wird eine bestimmte Spielart des Geschlechtsverkehrs auch mit Worten umschrieben, die auf diese Erfindung anspielen.

Anders als bei Männern, besitzt der Oralverkehr an höherer Stelle in den USA keinen guten Ruf. Die verbreitete Annahme, dass er dort deswegen grundsätzlich verboten ist, ist aber falsch. Die amerikanische Gesetzgebung sorgt sich sehr um die Sexualpraktiken ihrer Bürger, aber verboten ist der Oralverkehr nur in einigen Bundesstaaten. Nach einer Aufstellung der American Civil Liberties Union (ACLU) ist es in 16 Bundesstaaten untersagt, den Trieben freien Lauf zu lassen – etwa in Florida, Georgia, Massachusetts und Virginia. Ein Entscheid des Obersten Gerichts der USA bestätigte 1996 mit fünf zu vier Stimmen ein Gesetz des Bundesstaates Georgia, das Fellatio zu einem Verbrechen erklärt. Und das sogar, wenn es sich bei den Übeltätern um Ehepartner handelt.

In den einschlägigen Bestimmungen haben die Gesetzgeber blumige Umschreibungen für das schreckliche Delikt gefunden: »Verbrechen gegen die Natur«, »unnatürliche und laszive Handlungen« oder »sexuelles Fehlverhalten«. Meist ist die Rede von Sodomie, worunter in den USA nicht wie in Europa Verkehr mit Tieren verstanden wird, sondern »jeder Kontakt zwischen den Genitalien einer Person mit dem Mund oder Anus einer anderen« (so beschreibt es etwa der Sodomieparagraph in Georgia). Zwar gehen die angedrohten Strafen bis zur lebenslänglichen Haft (im Bundesstaat Michigan), jedoch werden die Gesetze praktisch nicht angewandt.

Streng biologisch betrachtet, ist Oralsex keine sexuelle Spielart. Nach Auskunft britischer Wissenschaftler soll er nämlich den Urmännern und -frauen der Informationsbeschaffung und nicht der Lust gedient haben. Speziell wurde dabei nach Hinweisen über die Fruchtbarkeit der Frau und nach Indizien für eventuelle Seitensprünge des Partners gefahndet.

Ähnlich wie bei Tieren, denn der Mensch ist nicht die einzige Spezies, die an oralem Sex Gefallen findet. Die meisten Säugetiermännchen drücken beim Vorspiel ihre Nase in die Vulva des Weibchens und schnüffeln an ihr. Sie suchen dabei Antworten auf drei Fragen: Ist das Weibchen gesund? Ist es fruchtbar? Hat es kürzlich Sex mit einem anderen Männchen gehabt? Die Informationen, die sie dabei gewinnen, können in ihrem Bestreben nach Fortpflanzungserfolg sehr nützlich sein, wobei der Geruch der Weibchen in der fertilen Phase für die Männchen deutlich angenehmer ist als zu anderen Zeiten.

Ein Versuch mit Menschenmännern in den USA hat das bestätigt. Dabei mussten Männer den Geruch von Frauen anhand einer Skala beurteilen, die von »sehr unangenehm« bis »sehr angenehm« reichte. Und wie nicht anders zu erwarten war, wechselte die Annehmlichkeit des Geruchs während des Zyklus. Am unangenehmsten wurden die Duftnoten während der gewissen Tage empfunden.

Schadet Sex vor dem Sport?

Sexuelle Betätigung vor einem sportlichen Wettkampf beeinflusst die Formkurve nur in Ausnahmefällen. Zwar hat schon Turnvater Jahn den Leistungssportler eindringlich darauf hingewiesen, dass »brünstige Lüste, die die Jugendkraft vergeuden«, vor, während und nach einem Wettkampf zu unterbleiben hätten, weil das erstens zu sehr ablenke und zweitens nicht gut für die Leistungskraft sei. Das wurde auch schon bei den ersten Olympioniken im alten Griechenland so gesehen. Dort war der »Verlust von Körpersäften beim Liebesspiel« strengstens untersagt, weil sich das nicht mit dem Lebenswandel eines Athleten vertrug.

Was Turnvater Jahn aber nicht wusste: Die brünstigen Lüste sind gut für die Kondition. Messungen haben ergeben, dass der Körper währenddessen etwa 150 Kalorien verbrennt, beim Orgasmus sogar noch mehr. Das ist in etwa mit einem 20-minütigen Spaziergang vergleichbar. In der Schweiz hat eine Forschergruppe Spitzensportlern für zwei Tage einen genauen Sex- und Trainingsplan vorgeschrieben, um zu sehen, welche Folgen der für ihre Leistungskraft hat. Die Athleten mussten um sechs Uhr morgens in vertrauter Umgebung Liebe machen, zwei Stunden später ging's dann im Labor zu einem ersten Fitnesstest auf das Trainingsfahrrad, was am Mittag und Abend wiederholt wurde. Die gleiche Schinderei musste einen Tag später vollbracht werden, diesmal ohne Sex am Morgen. Von der Legende der angeblichen Leistungsdelle blieb wenig übrig. Wenn überhaupt, zeigten Fußballer und Langstreckenläufer leichte Formschwächen, Sprinter waren dagegen fit wie eh und je.

Richtige Profis wurden in Kanada an der McGill University kontrolliert. Die Olympiateilnehmer, Profi-Footballspieler und Läufer wurden direkt vor einem aktiven Wettkampf untersucht. Das Ergebnis fiel ähnlich aus: Während bei Sprintern selbst eine schnelle Nummer unmittelbar vor dem Start keine Leistungseinbußen brachte, traten bei Ausdauersportlern leichte Formtiefs auf. Marathonläufer brauchten etwa zehn Stunden, um sich zu erholen, Ballsportler waren schon nach wenigen Stunden wieder voll auf der Höhe ihrer Manneskraft.

Interessanter als die Frage nach einem sportlichen Formtief in der Folge von Sex ist aber die umgekehrte Frage, ob Sport vor dem Geschlechtsverkehr die erotische Leistungskraft stärkt. Die Antwort lautet Nein. Jede sportliche Betätigung verbrennt Testosteron, das dann für andere Aufgaben nicht mehr zur Verfügung steht. Bei kurzzeitigen körperlichen Anstrengungen bis zu 20 Minuten steigt die Hormonkonzentration im Blut an. Danach tritt der gegenteilige Effekt ein, wie Hormonforscher gemessen haben. Bei einem zweistündigen Dauerlauf etwa sinkt der Testosteronspiegel um bis zu 50 Prozent. Normalwerte werden erst wieder nach ein bis zwei Tagen erreicht.

Beeinträchtigt die Karriere die sexuelle Leistungsfähigkeit?

Für eine wissenschaftliche Studie mussten zwei Gruppen von Männern Pornovideos anschauen. Die eine Gruppe bestand aus Arbeitslosen, die andere Fraktion hatte feste Jobs. Geklärt werden sollte die Frage, welchen Einfluss Stress auf die sexuelle Leistungsfähigkeit hat. Stressfördernd kam hinzu, dass den Männern damit gedroht wurde, sie müssten nach dem Ende des Films Auskunft über ihr Sexualleben geben. Ergebnis: Die arbeitslosen Männer hatten während der Vorführung durchschnittlich eine schwächere Erektion als die Männer mit Arbeitsplatz.

Die Experten haben zur Erklärung zwei Theorien auf Lager: die Knappheitsthese und die Verstärkungsthese. Die Anhänger der ersten Theorie sind der Meinung, wer viel arbeitet, hat wenig Sex. Die Parteigänger der zweiten Theorie behaupten genau das Gegenteil. Psychologen von der University of Wisconsin haben deshalb beide Theorien überprüft und festgestellt, dass beide falsch sind. Richtig ist vielmehr, dass nicht die Quantität, sondern die Qualität der Arbeit über die Qualität, des Sex entscheidet. Wer mit seinem Job zufrieden ist, hat also auch guten Sex. Schlecht für die sexuelle Leistungsfähigkeit ist nur, wenn die Frau einen guten Job hat und der Mann nicht. In dieser Konstellation sollen Männer den Psychologen zufolge besonders häufig im Bett versagen.

Auch statistisch spricht nichts gegen die Verbindung von Karriere und erfülltem Sexualleben. Demnach haben Männer mit einem Nine-to-five-Job neben einer geregelten Arbeitszeit auch ein organisiertes Geschlechtsleben. Sie treiben es durchschnittlich 48-mal im Jahr, kommen also knapp einmal die Woche ihren ehelichen Verpflichtungen nach, abzüglich vier

Wochen Urlaub. Männer, die mehr als 60 Stunden in der Woche arbeiten, kommen dagegen auf 82 Geschlechtsakte im Jahr. Also fast doppelt so viel, was nicht für eine Leistungsdelle durch einen aufreibenden Beruf spricht.

Das Sperma von Karrieristen glänzt sogar mit besonders guten Werten. Akademiker, Selbständige und Angestellte haben die höchste Samenzellenkonzentration, ein Indikator für Qualitätssperma. Landwirte, Beamte und Arbeiter bringen dagegen nur Mittelmaß ins Reagenzglas. Herausgefunden haben Wissenschaftler auch, dass bei Männern mit unregelmäßigen Arbeitszeiten die Samenzellen mobiler sind als die von Angestellten mit festen Arbeitszeiten.

Welche Folgen hat sexuelle Abstinenz?

Religionslehrer fordern Männer seit Jahrtausenden zur Mäßigung auf, mit der Begründung, dass dadurch die geistige Entwicklung gefördert werde. Anderer Meinung war der Philosoph Immanuel Kant, der eine allmorgendliche »Erleichterung« empfahl, um »Klarheit des Denkens« zu erlangen.

Wer Recht hatte, haben französische Forscher an der Pariser Sorbonne aufgeklärt. Sie verdonnerten 100 Männer und Frauen zu einer mehrwöchigen Abstinenz. Also kein Sex und keine Selbstbefriedigung. Während dieser Zeit wurden die Versuchspersonen täglich auf ihre Konzentrations- und logischen Fähigkeiten hin getestet. Während Enthaltsamkeit bei Frauen eine eindeutig positive Wirkung zeitigte, führte sie bei Männern zu eklatant schlechteren Leistungen im logischen Denken, beispielsweise bei komplizierten mathematischen Berechnungen. Ihre Hörfähigkeit ließ nach, und auch bei den Konzentrationstests und den Aufgaben zum abstrakten Denken sanken die Ergebnisse alarmierend. Frauen lösten diese Aufgaben in der sexlosen Periode gleich bleibend gut und erbrachten teilweise sogar bessere Leistungen als in der Zeit davor.

Ein Aberglaube ist dagegen, eine längere gewollte oder ungewollte sexuelle Durststrecke führe anschließend automatisch zu besseren Leistungen im Bett. Der sexuelle Appetit hängt vom Testosteronspiegel im Blut ab. Dieser unterliegt aber täglichen, wöchentlichen und jahreszeitlichen Schwankungen, die durch einen Mangel an Sex nicht positiv beeinflusst werden können. Selbst eine längere Phase der Enthaltsamkeit kann die Konzentration im Körper nicht steigern, und durch Sex wird nicht mehr

Testosteron verbraucht als bei Abstinenz. Es ist vielmehr so, dass die Triebe bei mangelnder Praxis einschlafen. Der Körper stellt sich auf die schmale Kost ein und produziert einfach weniger Sexualhormone. Das Einzige, was den Hormonspiegel auf Dauer in die Höhe treiben kann, ist regelmäßiges Training.

Was hat die Vorfreude auf Sex mit dem Bartwuchs zu tun?

Allein die Vorfreude auf einen gemütlichen Abend zu zweit löst bei Männern einen Hormonschub aus.

Entdeckt hat das, wie das Wissenschaftsmagazin *Nature* berichtet, ein Forscher, der zwei Jahre lang einsam auf einem kleinen britischen Eiland lebte und forschte. Nur selten unterbrach er sein Robinson-Dasein und fuhr zu seiner Freundin aufs Festland. Dabei beobachtete der nicht namentlich genannte Forscher schon bei seinen ersten Wochenendtrips einen Nebeneffekt, der seine wissenschaftliche Neugier weckte: Unmittelbar vor und auch während der Besuche schien sein Bart erheblich stärker zu sprießen als während des Aufenthaltes auf der Insel.

Fortan führte er gewissenhaft Buch über seinen Bartwuchs. Nach jeder Rasur reinigte er den Scherkopf seines Trockenrasierers und wog die Bartausbeute auf einer hoch empfindlichen Waage. Gleichzeitig registrierte er täglich das Ausmaß seiner körperlichen Betätigung, die Schlafdauer, psychische Auffälligkeiten wie etwa Nervosität und schließlich seine sexuelle Aktivität. Die Ergebnisse bestätigten die anfänglichen Beobachtungen: Die Produktion von Sexualhormonen wird bereits dann angekurbelt, wenn nur die Aussicht auf Beischlaf besteht. Jeweils am Morgen seines Reise- und Koitustages wies die Milligramm-Messung eine rund 20-prozentige Steigerung des Bartgewichts aus.

Um sicherzugehen, dass seine Ergebnisse nicht nur Zufallsresultate waren, machte der Brite einen Kontrollversuch. Er trank an bestimmten Tagen einen Saft, der einige Milligramm künstlicher Sexualhormone enthielt. Der Hormonsaft wirkte auf den Bartwuchs wie die gesteigerte Aktivität seiner Hormondrüsen an einem Festlandswochenende.

Ginge es nur nach den Charts der Frauenzeitschriften, wäre der italienische Mann einsame Spitze unter Europas Liebhabern. Alles, was der deutsche Mann falsch macht, macht der Italiener angeblich richtig, und wenn der Deutsche (oder Österreicher oder Schweizer) es dann genau so macht wie der Italiener, dann war das auch wieder nicht richtig. Deshalb soll der Italiener als Liebhaber hier zur Strafe Stück für Stück auseinander genommen werden. Um nicht dem Vorwurf der Subjektivität ausgesetzt zu sein, wird dabei nur mit statistisch gesicherten Daten renommierter Institute gearbeitet. Und die sehen ganz schlecht aus für den großen Liebhaber von jenseits der Alpen.

Die Weltgesundheitsorganisation WHO hat ermittelt, dass der durchschnittliche italienische Geschlechtsakt 13 Minuten dauert. Das Vorspiel mitgerechnet, um dem Gegenargument zuvorzukommen. Eine andere Studie spricht von 14,2 Minuten, aber beides ist im weltweiten Vergleich nur Konfektionsware. Selbst in Deutschland dauert der geschlechtliche Vollzug vier Minuten länger, nämlich 17 Minuten. Die Kanadier, Australier und US-Amerikaner schaffen jeweils stolze 28 Minuten. Merkwürdigerweise bringen es auch die Engländer auf 21 Minuten. Warum das so ist, weiß man aber nicht. Weltweit einsame Spitze ist der brasilianische Geschlechtsakt mit unschlagbaren 30 Minuten.

Auch bei der Häufigkeit der ehelichen oder nichtehelichen Pflichterfüllung die gleichen schlechten Werte für Italien. Der Durchschnittsitaliener von 16 bis 45 Jahren hat 75-mal im Jahr Sex, genau so wenig wie der angeblich so feurige Spanier. Die Deutschen und Engländer kommen auf jeweils 115 vollzogene Schäferstündchen, sind also um rund 65 Prozent besser als die Italiener. Am meisten geliebt wird in den Großmächten USA und Russland, wo die Studie mehr als 130 Geschlechtsakte im Jahr gezählt hat. Was in Russland aber eingeschränkt werden muss, weil der dort nur zwölf Minuten dauert.

Die Franzosen halten mit der gleichen Beischlaffrequenz wie Amerikaner und Russen die Fahne des Latin Lovers hoch. Was wahrscheinlich an schlechtem statistischen Material liegt. Brasilien steht auch hier wieder ganz oben an der Tabellenspitze mit 100 bis 129 Punkten, Thailand und Hongkong in beiden Erhebungen mit indiskutablen 50-mal Geschlechtsverkehr im Jahr von zehn bis 13 Minuten Dauer auf einem Abstiegsplatz. Für Statistikfans hier die ganze Tabelle:

Land	Durchschnittliche Dauer des Geschlechtsverkehrs (in Minuten)	Häufigkeit des Geschlechtsverkehrs (… -mal pro Jahr)
Brasilien	30	100–129
USA	28	über 130
Kanada	23	100–129
Australien	23	100–129
England	21	100–129
Südafrika	19	100–129
Deutschland	17	100–129
Mexiko	17	100–129
Frankreich	16	über 130
Spanien	15	50–99
Polen	15	100–129
Italien	14	50–99
Hongkong	13	unter 50
Russland	12	über 130
Thailand	10	50–99

(Quelle: WHO, 1999)

Spitze sind die Italiener nur im ersten Ehejahr, aus dem wahre Wunderdinge berichtet werden, mit fünf bis zehn Mal Sex in der Woche. Danach ist dann tote Hose, vom zweiten bis zum fünften Jahr sinkt die Frequenz auf drei bis fünf Mal. Bis zum zehnten Jahr findet Geschlechtsverkehr nur noch ein bis zwei Mal wöchentlich statt, und ab dem 15. Jahr wird in den meisten italienischen Ehen Sex oft ganz vom Speiseplan gestrichen. 20 Prozent der Ehepaare, die länger als 15 Jahre verheiratet sind, haben gar keinen Sex mehr, das stellte eine anonyme Umfrage der Organisation Help me fest.

Wobei hier respektvoll auf etwas hinzuweisen ist, worum der italienische Mann wirklich zu beneiden ist. Die *Ärztezeitung* berichtet, dass bei einer Umfrage 40 Prozent aller italienischen Paare angaben, gemeinsam Fußball im Fernsehen zu schauen, von diesen erklärten wiederum 70 Prozent, sie seien durch das Geschehen auf dem Spielfeld zu einem erfüllteren Sexualleben gekommen. Jede Zweite der befragten Frauen gestand, durch die athletischen Körper der Fußballprofis erotisch entfacht zu werden. Wodurch wiederum 13 Prozent eine »erhöhte sexuelle Kreativität« an sich bemerkt haben, wie in der englischen *Times* nachzulesen ist.

Im Bett werden laut Erhebungen des Sexualwissenschaftlers Massimo Cigogna Fußballtrikots gezielt zur Verführung eingesetzt, denn 54 Prozent von 800 befragten Italienerinnen tragen nach der Sportschau das Trikot ihres Idols. Beliebt sind auch Armbänder, wie sie etwa der Stürmer Pippo Inzaghi gerne trägt. Cicogna ist der Ansicht, dass die Armbänder an Handschellen erinnern und ergo eine Affinität zum Macho ausdrücken.

Frauen würden an dieser Stelle den Einwand bringen, es komme nicht auf das »wie oft« und »wie lange« an, sondern auf die Verführungskünste. Auch hier gibt es Material aus erster Hand, nämlich von den italienischen Frauen, die es am besten wissen müssen. Bei gut der Hälfte aller italienischen Seitensprünge ist nicht der Mann, sondern die enttäuschte Ehefrau die treibende Kraft, die der besten Freundin den Mann ausspannt. Das fand die Detektivagentur Miriam Tomponzi aus Rom bei einer Untersuchung von 798 Fällen von Ehebruch heraus. Traurig ist, wie der *Messaggero* schreibt, dass dabei nur bei 22 Prozent Verliebtheit im Spiel ist; bei 25 Prozent dagegen hat das Wechselspiel nur den Zweck, der Frau Bestätigung zu geben.

Eine besondere Bedeutung im Liebesleben des italienischen Mannes hat das Handy, denn ohne Mobiltelefon kommt er überhaupt nicht zurecht. Die Verbraucherorganisation Codacons wollte wissen, wie Italiener reagieren, wenn sie plötzlich kein Handy mehr haben. 300 Freiwillige in Ischia machten mit und gaben ihr geliebtes Gerät für zwei Wochen ab. Schon zwei bis drei Tage später hätten manche die ersten Entzugssymptome gespürt, berichtet die britische Agentur Ananova. Nach 15 Tagen gaben sieben von zehn an, sie wollten ohne das Handy nicht mehr leben. 25 Prozent berichteten von einem generellen Verlust an Selbstvertrauen, weil sie sich von einem wichtigen Kommunikationsgerät abgeschnitten fühlten. 48 Italiener hatten dadurch sogar die Lust auf Sex verloren, andere hatten keinen Appetit mehr oder waren gänzlich depressiv geworden.

Etwas merkwürdig muten auch die erotischen Präferenzen des Italieners an. Am erotischsten findet der Durchschnittstifoso nicht etwa Models, Moderatorinnen oder Pornostars, sondern die Skipperinnen in Venedig. 660 von 1.200 befragten Männern zwischen 18 und 50 Jahren bewundern die starke Frau, die im hohen Wellengang das Ruder in der Hand hält, »weil sie sich nie beklagt«.

Eine andere Untersuchung hat ergeben, dass ein italienischer Ehestreit nicht, wie eigentlich zu erwarten, mit Sex, sondern am häufigsten mit einem Stück Pizza geschlichtet wird. Das haben mehr als die Hälfte der Paare angegeben, die das italienische Meta-Institut zu dem Thema befragt hat und von denen nur 20 Prozent Liebe besser finden als Pizza. Auch die Pizzasorte, welche am besten gegen die Zwistigkeiten helfen soll, wurde abgefragt. Danach wirkt Pizza Margherita am besten gegen den Streit, auf Platz zwei liegt die Pizza mit Mozzarella vor der vegetarischen Pizza. Die meisten Paare schätzen vor allem das Basilikum auf der Pizza wegen des sehr beruhigenden Einflusses auf das Familienleben.

Wenn man nur objektive Kriterien anlegt, stellt man fest, dass die besten Liebhaber Europas aus einer Ecke kommen, in der man sie nicht suchen würde: aus Finnland. Seit Jahren bereitet das »Mysterium der finnischen Hoden« vielen Wissenschaftlern Kopfzerbrechen. Das finnische Sperma ist nämlich weltweit einsame Spitze, ungefähr doppelt so gut wie das der benachbarten Dänen und klar besser als das, was sonst rund um den Globus produziert wird. Außerdem haben die Finnen mit prächtigen 16,3 Zentimetern die größten Schniedel der Welt. Der Durchschnittseuropäer bringt es nach Untersuchungsergebnissen aus dem Jahr 2000 auf 14,9, der Italiener auf 13,5 Zentimeter. Noch einmal: der Italiener hat 13,5 Zentimeter. Also den Kleinsten in ganz Europa. Nächster Punkt: die Potenz. Auch hier schlechte Zahlen für Italien, Spitzenwerte für Finnland. Der Finne produziert im Schnitt 134 Millionen Spermien pro Erguss, der Italiener nur knapp die Hälfte. Schuld ist das Wetter, in Italien ist es zu heiß, und das ist schlecht für die Hoden, die finnische Kälte dagegen ist geradezu ideal für Qualitätssperma.

Sind schlechte Autofahrer auch schlechte Liebhaber?

Die Psychologen sagen, schlechte Autofahrer sollen auch schlechte Liebhaber sein. Eine tiefenpsychologische Studie der Exeter University hat nämlich den Zusammenhang zwischen Auto fahren und Sexualverhalten untersucht und herausgefunden, dass es einen gibt. Raser wurden als extrem eitle und selbstsüchtige Menschen geoutet. Drängler und Spurwechsler neigen aus Sicht des Psychologen Chris Burgess zu häufigem Partnerwechsel und seien nie mit einer Frau zufrieden. Wer es beim Schalten, Kuppeln und Gasgeben an Gefühl mangeln lasse, dem sei auch in der Partnerschaft wenig Harmonie und Zärtlichkeit zuzutrauen. Eine Berliner Verkehrspsychologin bestätigt: »Wer auf der Straße rücksichtslos ist, den interessieren auch die Wünsche der Partnerin nicht. Dem ist seine eigene Befriedigung wichtiger.«

Ein Auto ist nicht nur ein Prestigeobjekt,

ohne fahrbaren Untersatz fühlen sich Männer sogar richtig nackt. Das ergab eine Studie des Diplom-Psychologen Professor Gerhard Stöcker in Würzburg über Aggression im Straßenverkehr. »Das Auto ist für Männer eine Kraftmaschine, mit der sie um die Gunst der Weibchen buhlen«, zitiert die in Berlin erscheinende Zeitschrift *Auto/Straßenverkehr* den Psychologen. Munteren Analogiebildungen sind da keine Grenzen gesetzt: Von null auf Tempo Hundert in 5,9 Sekunden – Finger weg! Praecox-Probleme sind sehr wahrscheinlich. Wer dagegen das Tempo seines Fahrzeugs durch situationsgerechtes Bremsen zu drosseln in der Lage ist, wird auch beim Liebesspiel die Freude seiner Partnerin zu mehren wissen.

Darüber hinaus kann die Studie beim praktischen Umgang mit rücksichtslosen Fahrern nützlich sein. Drängelt sich einer vor oder schneidet er einem die Vorfahrt ab, sollte man ihm nicht zurufen, er sei blind oder bescheuert, sondern höflich fragen: »Wann haben Sie Ihrer Frau zum letzten Mal einen ordentlichen Orgasmus appliziert?« Und sowohl der deutsche Autofahrergruß als auch der beliebte Stinkefinger sind geradezu zärtliche Gesten verglichen mit dem aufgestellten kleinen Finger, mit dem man einem Rüpel am Steuer symbolträchtig klar machen kann, wo sein Problem liegt.

WIE DIE EHE ERFUNDEN WURDE, WARUM MÄNNER ZU PANTOFFELHELDEN WERDEN UND OB SIE UNTER SCHWANGERSCHAFTS-SYMPTOMEN LEIDEN

Wie wurde die Ehe erfunden?

Warum Männer heiraten, war schon immer ein Rätsel. In manchen Gegenden Afrikas kostet eine Frau genauso viel wie ein Eigenheim, ist also buchstäblich eine Anschaffung fürs Leben. Noch härter waren die Sitten im alten Indien, wo in verschiedenen Teilen des Landes sogar Ehen zwischen Menschen und Tieren üblich waren. Ganz seltsam erscheint allerdings, dass unverheiratete Männer in manchen Fällen zur Ehe mit einem Baum genötigt wurden. Bei den Brahmanen im südlichen Indien war es nämlich Vorschrift, dass der ältere Bruder vor dem jüngeren heiraten musste. Wenn der ältere Bruder absolut keine Braut auftreiben konnte, der jüngere aber gern heiraten wollte, wurde das Ehehindernis umgangen, indem der Erstgeborene in aller Form mit einem Baum und dem ihm innewohnenden Geist getraut wurde.

Historischen Quellen zufolge war der fleißigste Ehemann Sultan Moulay Ismail der Blutdurstige von Marokko. Mit seinen zahllosen Frauen soll er 888 Kinder gezeugt haben. Aber selbst Ismail könnte übertroffen worden sein. Einige besonders fleißige chinesische Kaiser ließen über 1.000 sorgfältig ausgewählte Frauen durch ihr Schlafgemach schleusen.

Unter rein evolutionären Gesichtspunkten bietet die Ehe dem Mann keinerlei Vorteile. Da ein Mann in der Frühzeit nichts weiter zu tun brauchte, als eine Frau zu schwängern, hätte er es auch bei unverbindlichen Beziehungen belassen können. Die Ehe muss also irgendwelche Vorteile gegenüber flüchtigen Bekanntschaften haben.

Des Rätsels Lösung liegt in von Frauen aufgestellten Grundregeln. Frauen bilden eine Ausnahme unter den Primaten, weil sie durch die verdeckte Ovulation den Stand ihres Fortpflanzungszyklus verschleiern. Ein Mann weiß also nie, wann eine Frau empfängnisbereit ist. Dadurch veränderten sich die Grundregeln der Paarung bei den Menschen erheblich, weil die Männer in der Steinzeit vor ein Problem gestellt waren: Sie konnten sich nie sicher sein, ob das Kind, das ihnen da in die Wiege gelegt wurde, auch von ihnen stammte.

Ein Primatenmännchen, das als einziges während des kurzen Zeitabschnitts des Östrus Zugang zu einem Weibchen hat, kann sich seiner Vaterschaft ziemlich sicher sein. Die Zeit, in der er das Weibchen bewachen und Verkehr haben muss, ist begrenzt. Davor und danach kann er sich anderen Geschäften widmen, ohne Angst haben zu müssen, Hörner aufgesetzt zu bekommen.

Diesen Luxus kannten unsere männlichen Vorfahren nicht. Sie wussten nicht, wann eine Frau ihren Eisprung hatte. Da sie aber auch noch andere Dinge zu tun hatten, war es ihnen unmöglich, die Frauen rund um die Uhr zu bewachen. Wie sollten sie unter diesen Umständen ihre Vaterschaft sicherstellen? Eine Lösung stellte die Ehe dar. Wenn ein Mann heiratete, musste er im Hinblick auf seine Fortpflanzung gegenüber anderen Männern profitieren, denn seine Vaterschaft wurde dadurch wesentlich sicherer. Die Institution Ehe garantierte gesellschaftliche Kontrolle der ehelichen Treue und verschaffte so dem Mann ein ruhigeres Dasein.

Mit der Ehe wurden die Männer zwar hereingelegt, dafür sind sie aber kreativer, wenn es darum geht, sich scheiden zu lassen. Wenn etwa ein Inuit-Mann in Grönland sich von seiner Frau trennen will, setzt er sie auf eine Eisscholle und gibt ihr (der Scholle) einen Tritt. Sie treibt ins offene Meer und schmilzt schließlich in wärmeren Gewässern. Beduinen in der Sahara haben die genauso schlimme Sitte, ihre Frauen im Wüstensand loszuwerden. Die Verlassene hockt sich am Rand eines Karawanenwegs auf einen so genannten Kraftpunkt, bis durch den Flugsand eine Düne entstanden ist.

Bei den Aborigines in Australien setzt sich die Frau nach einem von ihr selbst zubereiteten Abschiedsessen in eine so genannte Winnie-Winnie, eine Windhose, und lässt sich davontragen. In Kolumbien geht man anders vor. Die Quimbaya setzen ihre Frauen auf einen Esel, den sie in die Wildnis treiben. Wo der Esel die Frau abwirft, entsteht nach einem alten Glauben eine Quelle. Und in Nepal führt der Nepar-Mann seine Frau auf einen hohen Berg, wo sie von einem Grat auf eine Wolke umsteigt und wegfährt. Meist verschluckt die eintretende Wolke die Frau sofort, was von den Nepar als Vorzeichen für gutes Wetter gedeutet wird.

Ist der Mensch für lange Beziehungen angelegt?

Der große deutsche Zoologe Konrad Lorenz glaubte noch an das Gute in der Gans und lehrte voller Überzeugung, dass diese Vögel besonders treu seien. In älteren Vogelbüchern steht nämlich geschrieben, dass 90 Prozent aller Vogelarten monogam leben. Doch die Welt ist schlecht, selbst bei Vögeln. Als Genetiker beim Amselnachwuchs untersucht haben, welches Junge von welchem Vater stammt, stellten sie fest, dass 21 Prozent der Küken nicht vom

Ehemann der Mutter gezeugt worden waren. Bei anderen Vogelarten waren es sogar bis zu 70 Prozent.

Auch bei Säugetieren ist es mit der Treue nicht weit her, nur fünf Prozent kennen überhaupt so etwas wie feste Bindungen. Bei den Menschenaffen sind es immerhin 15 Prozent. Selbst bisher als monogam eingestufte Arten wie Gibbons wurden inzwischen als Betrüger entlarvt. Was die Frage aufwirft, ob der Mensch von Natur aus eher polygam oder monogam ist. Als amerikanische Ärzte vor 50 Jahren in einem Krankenhaus die Blutgruppen von 1.000 Neugeborenen untersuchten, erlebten sie eine böse Überraschung. Zehn Prozent der Babys besaßen eine Blutgruppe, die weder vom Vater noch von der Mutter stammen konnte, ein klarer Beweis dafür, dass ein heimlicher Liebhaber im Spiel war. Hinzuzurechnen war noch die beträchtliche Dunkelziffer derjenigen Babys, deren leibliche Väter die gleiche Blutgruppe wie die offiziellen Väter besaßen.

Die Biologen sagen, dass der Mensch von Vorfahren abstammt, die ein nicht allzu festes Haremssystem pflegten. Dafür gibt es zwei Hinweise am männlichen Körper: Erstens sind Männer im Durchschnitt größer als Frauen. Bei allen Tieren mit Haremssystemen werden Männchen besonders groß. Das extremste Beispiel sind die männlichen Seeelefanten, die dreimal schwerer sind als ihre Weibchen. Nur ein Bruchteil der Bullen hat je die Chance, einen Harem zu besitzen und sich fortzupflanzen. Die Konkurrenz ist so stark, dass die natürliche Auslese im Laufe der Jahrtausende aus den Männchen kraftstrotzende Kolosse gemacht hat. Bei Tieren mit relativ festen Zweierbindungen, wie etwa Gibbons, sind die Geschlechter dagegen etwa gleich groß.

Zweitens besitzen Männer relativ große Hoden, was ein Zeichen für weibliche Promiskuität ist. Britische Forscher fanden heraus, dass im Verhältnis zum Körpergewicht große Hoden nur bei Arten mit Spermienkonkurrenz vorkommen. Spermienkonkurrenz heißt, dass das Männchen mit möglichst viel Sperma den Samen seines Vorgängers zahlenmäßig ausstechen muss, um sich fortzupflanzen. Im Vergleich zu den Menschenaffen besitzen Männer die zweitgrößten Hoden nach den Schimpansen, deren Weibchen pro Befruchtung ungefähr 135-mal mit wechselnden Partnern verkehren. Besonders klein sind dagegen Gorillahoden, denn die Männchen herrschen über einen Harem, brauchen also keine Samenkonkurrenz zu befürchten.

Warum werden Männer in der Ehe zu Pantoffelhelden?

Die Frauenzeitschrift *Glamour* berichtet, dass in einer Partnerschaft auf Dauer das Essen wichtiger ist als der Sex. Was schon alarmierend ist, aber nichts gegen das, was Forscher am Stanford Institute in den USA entdeckt haben. Zehn Jahre lang haben die Wissenschaftler Männer beobachtet, solche mit Trauschein und solche ohne. Die Bilanz: Verheiratete Männer werden erheblich früher schwerhörig als Singles. Außerdem brauchen sie eher Brillen, und ihr Wortschatz ist geringer. Und das, obwohl sie immer jemanden zum Reden haben.

Dieses Phänomen lässt sich auch hormonell nachweisen. Verheiratete Männer haben nämlich einen deutlich niedrigeren Testosteronspiegel, wie der Anthropologe Peter Gray von der Harvard University herausfand. Das hat seinen Grund. Ein niedriger Testosteronspiegel hält einen Ehemann davon ab, in fremden Gefilden zu wildern. Schuld an dem erotischen Desaster ist ein Hormon namens Oxytocin, das den Sexualtrieb hemmt und zur Treue mahnt. Das Liebes- und Wohlfühlhormon wird bei zarten oder angenehmen Berührungen in ziemlich großen Mengen ausgeschüttet. Einen kräftigen Schub des Hormons produziert das Gehirn nach dem Orgasmus und sorgt für ein Gefühl tiefer Geborgenheit.

Um diese Theorie zu testen, mussten Männer für die Wissenschaft masturbieren. Vor und nach der Erektion wurde der Oxytocinspiegel gemessen. Nach dem Orgasmus stieg er sprunghaft an, wurde den Freiwilligen jedoch ein Hormonblocker injiziert, bekamen die Männer zwar weiterhin eine Erektion, aber keinen Orgasmus.

Welche Heiratschancen haben intelligente Frauen?

Ein heller Kopf lässt bei Frauen die Aussichten auf den Bund fürs Leben deutlich sinken, Intelligenz bei der Gattin beeindruckt Männer nämlich wenig.

Der Psychologe David Buss hat weltweit Männer und Frauen gefragt, welche Eigenschaften bei einem künftigen Ehepartner denn besonders wichtig wären. Bei den Frauen lag erwartungsgemäß das gute Einkommen des Lebenspartners in spe auf dem ersten Platz, danach folgten Eigenschaften wie Treue, Humor, Ehrlichkeit und Intelligenz. Anders bei den Männern. Hier hielt, auch wenig überraschend, die gute Figur die Spitzenposition, gefolgt von Treue und Häuslichkeit. Die Intelligenz landete abgeschlagen auf einem unteren Tabellenplatz.

Falls der IQ einer Frau über dem Durchschnitt liegt, ist das sogar eher schlecht für ihre Heiratschancen. Bei einer in Wisconsin mit über 10.000 Männern und Frauen durchgeführten Studie stellte sich heraus, dass ledige Frauen eindeutig intelligenter sind als jene, die geheiratet haben. Die Psychologin Marin Clarkberg hat gar herausgefunden, dass die Wahrscheinlichkeit einer Eheschließung bei Frauen mit einem hohen Einkommen um 15 Prozent geringer ist als bei schlecht verdienenden Kolleginnen.

Welchen Einfluss hat die Stellung oder der Zeitpunkt des Geschlechtsverkehrs auf das Geschlecht eines Kindes?

Über eine gezielte Familienplanung haben sich schon viele kluge Leute den Kopf zerbrochen. Besonders hat die Gelehrten dabei immer die Frage interessiert, in welchen Stellungen oder zu welcher Zeit die dafür erforderlichen Aktivitäten am zuverlässigsten den gewünschten

Stammhalter zum Ergebnis haben. Schwere Folgen zog eine Behauptung des griechischen Arztes Anaxagoras (um 500 bis 428 v. Chr.) nach sich. Er war fest davon überzeugt, Knaben kämen aus dem rechten und Mädchen aus dem linken Hoden. Folgenreich war diese Annahme deshalb, weil sich noch viele Jahrhunderte später französische Aristokraten aus diesem Grund den linken Hoden amputieren ließen. Richard Dawson, ein Mitglied der britischen Königlichen Gesellschaft der Medizin, verbreitete streng wissenschaftlich die Ansicht, dass Gameten aus dem rechten Eierstock einer Frau Jungen zur Folge hätten, die aus dem linken dementsprechend Mädchen.

Auch Aristoteles hat sich Gedanken über das Kinderkriegen gemacht. Nach Ansicht des großen Philosophen kann das Geschlecht des Kindes durch die Stellung beim Geschlechtsverkehr festgelegt werden. Wenn sich der Samen aus der rechten Seite ergießt, kommt neun Monate später ein Junge zur Welt. Umgekehrt, bei der Stellung, in der der Mann links liegt, ein Mädchen. »Das Rechte steht höher im Wert als das Linke«, schrieb er. Außerdem war Aristoteles fest davon überzeugt, dass eine herrschsüchtige Frau nur Mädchen gebären könne. Hippokrates ließ die Sache ruhiger angehen und riet dem Mann, den rechten Hoden festzubinden, wenn es ein Junge werden soll. In der altindischen Medizin nahm man an, Knaben entstünden in der rechten Seite der Gebärmutter, Mädchen in der linken. Und wenn die Milchbildung einer Frau in der rechten Brust beginne, sei ein Knabe zu erwarten.

Im Mittelalter galt der Koitus zu nachtschlafender Zeit als besonders gefährlich, weil das zwangsläufig zu blinden Kindern führe. Wenn das Kind eine stärkere Ähnlichkeit mit der Mutter als mit dem Vater aufwies, galt als erwiesen, dass die Schwangere zu viel Zeit eitel vor dem Spiegel herumgetändelt hatte. Dass Mädchen überhaupt geboren wurden, war nach Ansicht des Kirchenphilosophen Thomas von Aquin ein bedauerlicher Unfall. Mädchen entstanden nach seiner Lehre durch verdorbenen Samen oder eine defekte Gebärmutter. Auch das Wetter konnte schuld sein an der Zeugung des falschen Geschlechts. Feuchte Südwinde (venti australes) brachten nämlich Kinder von größerem Wassergehalt hervor, also Mädchen.

Die Mehrzahl der Ratschläge zur Geburtenplanung in dieser Zeit war allerdings harmlos. Um Jungen zur Welt zu bringen, wurden spezielle Diäten oder unbequeme sexuelle Positionen als hilfreich angesehen. Abgeraten wurde davon, während des Geschlechtsverkehrs in die Sonne zu blicken. Nützlich sollte es sein, den Verkehr mit dem Mondzyklus abzustimmen oder die Scheide mit Zitronensaft zu bespritzen.

Genützt haben diese Techniken alle nichts, und heute weiß man dank der modernen Medizin alles besser. Trotzdem lagen die alten Meister mit ihren Theorien gar nicht einmal so verkehrt. Dass die Stellung in irgendeiner Form Einfluss auf das Geschlecht des Nachwuchses nimmt, konnte zwar bis heute nicht nachgewiesen werden. Dafür haben aber andere Faktoren wie der Beruf des Vaters, das Wetter, der Zeitpunkt oder die Häufigkeit des Geschlechtsverkehrs nach neuesten wissenschaftlichen Erkenntnissen durchaus Einfluss darauf, ob es später ein Junge oder ein Mädchen wird.

Bei viel Verkehr wird es ein Junge

Wenn man als Mann besonders fit ist und gern einen Stammhalter hätte, steigt die Wahrscheinlichkeit dafür, je häufiger man versucht, seine Pläne in die Tat umzusetzen. Die Häufigkeit des Geschlechtsverkehrs korreliert nämlich positiv mit der Wahrscheinlichkeit, dass das Kind männlich wird. Diese Beobachtung wird damit erklärt, dass Spermien mit Y-Chromosom eine geringere Lebenserwartung haben.

Da Samenzellen mehrere Tage im Eileiter überleben können, nimmt die Zahl der männlichen Spermien (die mit einem Y-Chromosom als Erbinformation) während dieser Zeit schneller ab als die der weiblichen (mit X-Chromosom). Kommt es dann später zur Anreise einer reifen Eizelle, haben die Spermien mit X-Chromosom, die ein Mädchen hervorbringen, aufgrund ihrer Robustheit einen Vorteil. Bei häufigem Geschlechtsverkehr wird der Bestand an Spermien mit Y-Chromosom jedes Mal wieder aufgefüllt, und da sie etwas leichter sind und schneller schwimmen können, haben sie dann eine Chance, die X-Spermien zu überholen. Je öfter ein Paar also Sex hat, desto wahrscheinlicher wird es ein Junge.

Besonders gute Aussichten auf den erhofften Junior hat ein Mann, wenn seine Partnerin während des Geschlechtsverkehrs einen Orgasmus hatte. Das begünstigt nämlich ebenfalls die Zeugung eines männlichen Kindes. Da männliche Spermien zwar schneller, aber eigentlich schwächer sind, würden sie es ohne die Unterstützung des Orgasmus der Partnerin oft gar nicht bis zur Eizelle schaffen. Männliche Spermien sind gegen die saure Umgebung in der Vagina nicht so widerstandsfähig wie ihre weiblichen Kollegen. Der Orgasmus der Frau hat aber eine saugende Wirkung, dadurch werden die Geschlechtszellen schneller zum Ei gebracht. Schaden kann es auf jeden Fall nie, sich intensiv um seine Partnerin zu bemühen.

Mit fortgeschrittenem Alter werden es Mädchen

Auch das Alter der Eltern hat Einfluss auf den Zeugungserfolg. Mit zunehmendem Alter verschiebt sich nämlich das Verhältnis der Geschlechter. Ist die Mutter 35 Jahre oder älter, ist der Anteil der Mädchen unter Neugeborenen um sieben Prozent größer als der von Jungen. Für Väter über 35 beträgt der Wert immerhin noch 5,6 Prozent. Eine andere Studie bestreitet zwar den Einfluss des Alters der Mutter, sieht aber denselben Trend für ältere Väter. Daneben spielt noch die Zahl der bereits vorhandenen Kinder eine Rolle. Eine finnische Studie hat Frauen mit mehr als zehn Kindern untersucht. Beim ersten bis neunten Kind gab es einen 4,4-prozentigen Jungenüberschuss, ab dem zehnten Kind einen 7,6-prozentigen Mädchenüberschuss. Der Jungenanteil sank dadurch von den weltweit durchschnittlichen 52,2 auf 46,2 Prozent ab dem zehnten Kind.

Testpiloten bekommen Töchter

Statistiker haben ausgerechnet, dass von Männern, die als Taucher tätig sind, eher Mädchen gezeugt werden, ebenso von Testpiloten, Geistlichen und Anästhesisten. Amerikanische Präsidenten bringen dagegen eher Söhne zur Welt. Alle US-Präsidenten hatten bisher insgesamt 90 Söhne, aber nur 61 Töchter. Was damit zusammenhängt, dass zumindest in England, den USA und Deutschland nach gesichertem statistischen Material Männer von hohem Sozialstatus deutlich mehr Söhne zeugen als Töchter.

Und auch in allen weiteren Ländern der Welt bringen gut gestellte Paare deutlich mehr Jungen zur Welt. Dies zeigt sich zum Beispiel, wenn man die Kinder der Männer und Frauen, die im *Who's who* der einzelnen Länder aufgeführt sind, vergleicht. Das Übergewicht ist in der Regel nicht augenfällig, sondern tritt eher statistisch zutage – rund 115 Knaben auf 100 Mädchen. Im Schnitt beträgt das Geschlechterverhältnis bei den anderen Bevölkerungsgruppen aber sonst 106 Jungen auf 100 Mädchen. Weil Knaben in der Kindheit eine höhere Sterbequote haben, gleicht sich dieses Verhältnis im Laufe der Jahre wieder aus.

Übergewichtige Frauen bekommen Mädchen

Die Wahrscheinlichkeit, als Junge zur Welt zu kommen, erhöht sich mit steigendem Taillen-Hüft-Verhältnis der Mutter, also dem Umfang der Taille im Verhältnis zum Körperumfang an den Hüften. Nähert sich die Verhältniszahl dem Wert eins, also einer eher geraden Körperform ohne ausgeprägte Taille, steigt proportional dazu die Chance, männliche Nachkommen zu haben. Frauen mit einem Wert von 0,78 haben 1,24-mal mehr männliche Kinder als weibliche (12,4 Söhne auf zehn Töchter). Dagegen haben Frauen mit einem Taillen-Hüft-Quotienten von 0,66 nur 8,6 Söhne auf zehn Töchter. Stark übergewichtige Frauen haben ebenfalls schlechtere Aussichten, einen Jungen zur Welt zu bringen.

Bei warmem Wetter wird es ein Junge

Steigen die Temperaturen, werden mehr Jungen als Mädchen gezeugt. Das hat der Reproduktionsmediziner Alexander Lerchl von der Universität Münster herausgefunden. Er hat die Temperaturen von 1946 bis 1995 mit dem Geburtenregister verglichen und immer in den Monaten März und April einen leichten Jungenüberschuss gefunden. Die Oktober hingegen sind Mädchensaison. Nach sehr heißen Sommern werden im folgenden Frühjahr zwischen April und Juni mehr männliche Kinder geboren, als statistisch zu erwarten wäre. Im Oktober ist der Anteil der Jungen an den Neugeborenen besonders niedrig.

Lerchl führt das darauf zurück, dass hohe Temperaturen die Herstellung von Spermien mit X-Chromosomen stärker beeinträchtigen als solche mit Y-Chromosomen. Der Effekt des Wetters macht sich im Jahr darauf bemerkbar. Wer dagegen immer schön im Kühlen bleibt, erhöht seine Chancen auf ein Töchterchen. Die Männer sitzen aber so oder so in der Klimafalle. Trifft nämlich die Wärmetheorie zu, kommt es sogar noch dicker: Bei einer angenommenen globalen Erwärmung durch den Treibhauseffekt prognostiziert der Wissenschaftler langfristig einen Männerüberschuss von einigen Prozent. Wofür auch spricht, dass in südlichen Breitengraden weitaus mehr Jungen zur Welt kommen als im Norden Europas, wie eine Studie aus Malta belegt.

Das Geburtsdatum der Mutter ist übrigens ebenfalls von Bedeutung für den Nachwuchs: Mütter, die im Zeitraum von Februar bis April geboren wurden, haben statistisch gesehen weniger Söhne. Das Geburtsdatum des Vaters spielt dagegen keine Rolle.

Gleichen Kinder schöner Mütter dem Vater?

Es gibt eine Anekdote, derzufolge sich Marilyn Monroe bei Albert Einstein erkundigt hat: »Wäre es nicht wundervoll, wenn wir ein Kind hätten mit deiner Intelligenz und meiner Schönheit?« Jeder kennt Einsteins Antwort: »Wäre toll, aber was machen wir, wenn es andersherum kommt?« Nach neuesten Erkenntnissen weist die abgedroschene Pointe eine gehörige Portion Wahrheit auf. Kinder schöner Frauen sind tatsächlich überdurchschnittlich häufig dem Vater ähnlich, und das besonders, wenn es diesem an körperlichen Vorzügen mangelt.

Der Verhaltenspsychologe Frank K. Salter vom Max-Planck-Institut in Andechs bei München ließ Fotografien von 89 Familien anfertigen, wobei von allen Mitgliedern – Väter, Mütter und Kinder – getrennte Porträts erstellt wurden. Dann erhielten Personen beiderlei Geschlechts diese Bilder zur Begutachtung vorgelegt. Die einen hatten die Aufgabe zu entscheiden, welchem Elternteil die Kinder am meisten glichen. Die anderen wurden gefragt, wie attraktiv die Mutter oder der Vater waren. Ergebnis der Gesichtsbeschau: Je attraktiver die Mütter waren, desto mehr glichen ihre Kinder dem Vater. Und diese Familienähnlichkeit schlug bei unattraktiven Vätern am stärksten durch: Je weniger körperliche Vorzüge die Gatten der schönen Frauen besaßen, desto stärker gaben sie ihr Aussehen an ihre Kinder weiter.

Was auf den ersten Blick wie eine absurde Ironie des Schicksals scheinen mag, macht sogar Sinn. Es geht um die Frage, welchen Zweck die weibliche Schönheit im evolutionären Kampf ums Dasein erfüllt. Nach der etablierten Auffassung hat sich der Körper im Verlauf der Evolution zu einer Art Anzeigetafel für den biologischen Wert seines Besitzers entwickelt. Schönheit wäre danach ein Indikator, der dem anderen Geschlecht die Gewähr gibt, dass die schöne Person Vorzüge wie Gesundheit, Jugend, Fruchtbarkeit und gute Gene besitzt, die ihm bei der Weitergabe seiner eigenen Erbfaktoren behilflich sind. Nach dieser Theorie besteht das Anziehende an der weiblichen Schönheit auch darin, dass sie dem Mann die Weitergabe seiner Gesichtszüge an die gemeinsamen Kinder verheißt. Warum jedoch das Aussehen wenig attraktiver Männer bei schönen Frauen besonders stark durchschlägt, ist noch nicht geklärt.

Leiden auch Männer unter Schwangerschaftssymptomen?

Die Fachleute nennen die Schwangerschaft des Mannes das »Couvade-Syndrom« (frz. »couver« gleich »brüten«). Im Mittelalter war nämlich zur Zeit der Niederkunft die »Couvade« üblich. Dabei durfte der Ehemann während der letzten Schwangerschaftswochen seiner Ehefrau weder arbeiten noch sich anstrengen und erhielt besonderes Essen. Wenn die Geburt bevorstand, zog er die Kleider seiner Frau an und begann, unter den Wehen zu stöhnen. Seine Frau hatte währenddessen weiterzuarbeiten und bekam dann still in einem Winkel ihr Kind. Nach der Geburt des Kindes blieb der Vater in seinem Bett liegen und erhielt alle Glückwünsche und Geschenke von der Familie und den Freunden. Er konnte einen Monat oder länger liegen bleiben, bis er sich stark genug fühlte aufzustehen.

Eine Sitte, die man heutzutage aufgegeben hat. Dafür haben australische Wissenschaftler die Entdeckung gemacht, dass Männer, wenn ihre Frauen in anderen Umständen sind, genauso unter Schwangerschaftssymptomen leiden wie die werdenden Mütter. Auch die Merkmale sind die gleichen: Antriebsschwäche, Appetitschwankungen und Müdigkeit.

Diese Anzeichen sollen zwar nicht alle Männer heimsuchen, aber immerhin in einer Größenordnung von bis zu 79 Prozent auftreten.

Schuld an der Unpässlichkeit des Mannes ist nicht, wie die psychoanalytische Theorie erklären würde, der Gebärneid, sondern Hormonschwankungen. Zwar treten diese in geringerem Ausmaß als bei der Gattin auf, verlaufen aber eindeutig synchron, wie kanadische Wissenschaftler von der Memorial University in Neufundland im britischen Wissenschaftsmagazin *New Scientist* berichten. Zu kurzzeitigen geringen Schwankungen des Hormonspiegels kann es schon kommen, wenn die werdenden Väter nur Videos von Neugeborenen sehen, wie die Forscherin Anne Storey experimentell nachgewiesen hat.

Ganz raffiniert ist bei dieser Angelegenheit das Verhalten der zukünftigen Mutter. Schwangere Frauen sondern Duftstoffe ab, die beim Mann die Produktion des Sexualhormons Testosteron bremsen, was zur Folge hat, dass der betroffene Mann zwar weniger Lust auf Sex, dafür aber mehr Freude an der Familie hat. Stattdessen wird die Fabrikation anderer Hormone wie Prolaktin, Cortisol und Östradiol ausgelöst, alles Stoffe, die einen guten Familienvater auszeichnen. Männer haben nach der Geburt durchschnittlich ein Drittel weniger

Testosteron im Blut. Das wäre alles noch zu verkraften, käme nicht eine weitere Nebenwirkung hinzu: Die Schwangerschaft der Frau lässt auch den Bauch des Mannes um durchschnittlich 3,5 Pfund anwachsen.

WER DAS KONDOM ERFUNDEN HAT, WIE GROSS ES SEIN MUSS UND WOHER DER VIBRATOR KOMMT

Wie wurde das Kondom erfunden?

Wie die unerwünschten Folgen einer Liebesnacht zu umgehen sind, darüber gab es lange Zeit interessante Theorien. Aristoteles meinte im 4. Jahrhundert v. Chr., das Menstruationsblut der Frau entstehe durch übermäßiges Essen und Trinken, und jenes Blut, das nicht abfließen könne, bilde dann die Materie, aus der das Sperma des Mannes einen neuen Menschen formt. Einig war man sich unter den Gelehrten lange Zeit eigentlich nur in der Auffassung, dass Mann und Frau zusammenkommen und durch intimen Kontakt Körperflüssigkeiten austauschen müssen, woraus dann die Babys entstehen. Waren die nicht erwünscht, so die brillante Folgerung, musste der Austausch verhindert werden.

Plinius der Ältere (23 bis 79 n. Chr.) regte deshalb an, den Penis vor dem Verkehr mit einem klebrigen Zedernharz zu bestreichen. Hilfreich sollte es seiner Meinung nach auch sein, einer bestimmten Spinnenart zwei kleine Würmer aus dem Leib zu ziehen und diese in ein Stück Rehleder zu wickeln. Diese Medizin musste dann am Körper der Frau angebracht werden, und zwar vor Sonnenaufgang, sonst war die ganze Mühe umsonst.

Gleich ein ganzes Jahr lang war man angeblich vor unerwünschtem Kindersegen sicher, wenn man den Ratschlag befolgte, den Quacksalber im Mittelalter gaben. Sie empfahlen einer Frau, dreimal einem Frosch ins Maul zu spucken. Alternativ konnte man beim Geschlechtsverkehr aber auch einen Onyxstein in der Hand halten. Wobei diese Methode den Nachteil hatte, dass sie bei jedem Geschlechtsverkehr neu angewendet werden musste, während das Fröschen-ins-Maul-Spucken eine Art Langzeitverhütung war. Der heilige Albert der Große (1193 bis 1280 n. Chr.), Lehrmeister von Thomas von Aquin, vertraute seinerseits mehr auf Kulinarisches und riet den Frauen, sie sollten Bienen essen, wenn sie nicht schwanger werden wollten. Aetios von Amida (527 bis 565 v. Chr.) schob die Plackerei der Verhütung mehr auf die Männer und empfahl ihnen, den Penis davor mit Essig oder Salzwasser zu waschen. Für Frauen hatte der Arzt allerdings auch einen guten Rat, nämlich einen Katerhoden in einem Röhrchen quer über dem Nabel zu befestigen, was todsicher wirken sollte.

Die beliebteste und gleichzeitig unsicherste Methode der Verhütung wurde schon im Alten Testament beschrieben: Onan, ein Sohn des Juda, weigerte sich, dem Brauch entsprechend mit seiner verwitweten Schwägerin ein Kind zu zeugen und ließ den Samen einfach »zu Boden fallen«. Für diesen Frevel wurde der Ungehorsame zwar mit dem Tode bestraft, sein Tun war aber der erste bekannt gewordene Coitus interruptus und verhalf Onan zu spätem Ruhm. Er wurde zum Namenspatron für eine Freizeitbeschäftigung, die heute als Onanie bekannt ist.

Der erste Kondombenutzer soll König Minos gewesen sein, wie der römische Schriftsteller Antoninus Liberalis (etwa 150 v. Chr.) berichtet. Der Göttersohn und sagenhafte Herrscher Kretas war damals arg geplagt, weil sein Sperma anstelle von Söhnen nur Schlangen, Skorpione und anderes giftiges Getier hervorbrachte, was dummerweise dazu führte, dass die mit dem königlichen Samen infizierten Damen scharenweise in seinen Armen starben. Erst eine Adlige, die vor ihrem wütenden Ehemann in das Reich des Minos geflohen war, hatte die rettende Idee in Form einer Ziegenblase auf dem königlichen Gemächt. Der böse Bann wurde auch tatsächlich gebrochen, und die Damen blieben fortan am Leben. Zum Dank versöhnte König Minos die Erfinderin des ersten Kondoms mit ihrem eifersüchtigen Gatten.

Bis ins 19. Jahrhundert hinein erfreuten sich Därme von Kälbern, Schafen und Ziegen größter Beliebtheit, andere geschätzte Mittel zur

Empfängnisverhütung waren Fischblasen. Schon damals zeichnete sich ein Qualitätspräservativ dadurch aus, dass es ein Bündchen an seinem offenen Ende hatte, um auch in der Hitze des Gefechts einen festen Sitz zu sichern. Besonderen Bedarf an Kondomen gab es, seitdem die spanischen Eroberer neben Gold und Edelsteinen aus der Neuen Welt auch die Syphilis mit nach Europa gebracht hatten. Wer dem wechselvollen Liebesleben frönte, lief seitdem nicht nur Gefahr, uneheliche Kinder in die Welt zu setzen und sich Ärger mit der Kirche einzuhandeln, sondern auch das eigene Leben zu verlieren. Weshalb das Vertrauen in die Festigkeit der Tierhäute plötzlich nicht mehr grenzenlos war. »Ein Bollwerk gegen das Vergnügen, aber ein Spinnweb gegen die Gefahr«, umschrieb die Marquise de Sévigné (1626 bis 1696) in einem Brief an ihre Tochter die Sorgen und Nöte mit den Überziehern.

Erschwerend kam hinzu, dass Kondome noch nahezu unerschwinglich waren, weshalb den glücklichen Besitzern eines solchen auch dringendst zur mehrmaligen Verwendung geraten wurde, selbstredend nur nach eingehender Reinigung. Die Futterale mussten gewaschen und zum Erhalt der Geschmeidigkeit mit Öl oder Puder behandelt werden. Heinrich Heine ließ sich seine Präservative sogar aus veilchenblauer Seide maßschneidern. Was ihm allerdings wenig nützte, denn der große Poet starb ja bekanntlich an den Folgen der Syphilis. Andere Prominente teilten sein trauriges Schicksal, allen voran die spanische Tänzerin Lola Montez (1818 bis 1861), die die Lustseuche auch an einige ihrer 4.000 Liebhaber weitergab. Wenn man den Klatschspalten jener Zeit glauben darf, waren darunter auch der Schriftsteller Alexandre Dumas, der Komponist Franz Liszt und Bayernkönig Ludwig I. Und das, obwohl im Nachlass der Lebedame rund 40 zum Teil mit Edelsteinen verzierte Schutzhüllen gefunden wurden.

Wer dem Venushemdchen von einst seine heutige, international gültige Bezeichnung gab, ist umstritten. Ein Hofarzt namens Dr. Contom soll dem englischen König Karl II. (1630 bis 1685) zum Schutze seiner Manneskraft die Verwendung von Hammeldarm ans Herz gelegt und so bei der Namensgebung Pate gestanden haben. Naheliegender ist aber die Erklärung, dass sich der Begriff von »condus«, dem lateinischen Wort für »Verwalter der Vorräte«, ableitet.

Erst ab Mitte des 19. Jahrhunderts wurden die Zeiten für den Mann sicherer und Präservative zu Wegwerfartikeln, denn durch die Massenproduktion der aufkommenden Kautschukindustrie verfielen die Preise. Zu verdanken ist diese große Tat Charles Goodyear, dem Erfinder des Vulkanisationsverfahrens, der 1855 das erste Gummikondom herstellte, das knapp zwei Millimeter dick und mit einer wenig ansprechenden Längsnaht ausgestattet war. Die ersten gefühlsechten, hauchdünnen und trotzdem sicheren Verhüterli fabrizierte der Deutsche Julius Fromm, der sich sein Verfahren 1919 patentieren ließ. Glaskolben wurden an Endlosketten in eine Latexmischung getaucht, die aus dem Saft des Gummibaums und geringen Zusätzen von Schwefel und Zinkoxid bestand. Durch den Backprozess der Vulkanisation bei 110 Grad Celsius erhielt der »Frommser« seine Elastizität. Heute sind Markenkondome zwischen 0,04 und 0,08 Millimeter dünn, einzeln elektronisch getestet und mit einem amtlichen Gütesiegel versehen.

Wie gross muss ein Kondom sein?

Jedes Kondom, das etwas auf sich hält, entspricht, wie es sich gehört, natürlich einer Norm. Per EU-Vorschrift wurde amtlich geregelt, dass das Präservativ von Oslo bis Gibraltar exakt eine Länge von 17 Zentimetern aufweisen muss. Festgelegt wurde das 1993, als das Kondom erstmals in die Europäische Union eingegliedert wurde und anerkannte Sicherheitsexperten aus 18 Ländern die Richtlinien für die Euroeinheitsgummitüte »EN 600« mit der DIN-Norm 58993 ausgetüftelt haben.

Das Anliegen, den vereinigten Europäern ein grenzüberschreitendes Gütegummi zur Verfügung zu stellen, ist an und für sich ja zu begrüßen, wäre da nicht vor Verabschiedung des Gesetzes ein verbitterter europaweiter Bürokratenstreit der obersten Kondomprüfer vom Zaun gebrochen. Er zog sich über zwei Jahre hin und hatte den Sinn, amtlich festzulegen, welcher europäische Penis wie lang, für welche Landsleute das genormte Kondom zu klein und für welche vielleicht doch eine Nummer zu groß sei. Das empfindlichste Teil des europäischen Mannes, das weltweit einen guten mittleren Tabellenplatz zwischen amerikanischem und asiatischem Durchschnitt hält, wurde neu geschätzt, vermessen und auf einen amtlichen Nenner gebracht.

Dazu wurde 1991 ein »Arbeitsausschuss Kondome« gebildet, in dem die Deutschen nach alter Sitte vor allem auf besonders strenge Hygienekontrollen pochten. Die Engländer plädierten dagegen für Altbewährtes und manuelle Prüfmethoden, dem Alpenbewohner kam es in erster Linie auf extreme Dehnbarkeit an, und die Norweger wünschten sich einen zusätzlichen Zentimeter für ihre angeblich besser gebauten Männer.

Die Franzosen mussten gleich zu Sitzungsbeginn eine Schlappe hinnehmen: Sie hatten daheim die Messlatte angelegt und wollten das Ergebnis als vorgeschriebene Breite eines Kondoms auf der Packung vermerkt haben. Der Antrag wurde aber abgeschmettert, da ein solcher Hinweis nach einhelliger Ansicht aller anderen Kondombeamten die Gefahr heraufbeschworen hätte, dass Prahler automatisch nach einer extragroßen Nummer greifen würden, die ihnen dann im Ernstfall entgleiten und ein Missgeschick heraufbeschwören könnte. (Die exakte Breite eines Kondoms wird gemessen, indem das Kondom flach und faltenfrei auf ein Lineal gehängt wird. Für die Ermittlung der Länge stülpt der Techniker das Kondom über ein starres Rohr mit flexibler Manschette.)

Zu Irritationen führten auch die harten Auseinandersetzungen über die besten Prüfmethoden. Die Engländer bestanden darauf, britische Kondome wie schon zu Königin Viktorias Zeiten mit Wasser zu füllen und dann zu prüfen, ob da noch irgendwo etwas leckt. Dem fortschrittlicheren Rest Europas war das zu antiquiert, weshalb man auf ausgereifteren elektronischen Verfahren bestand. Die deutschen Kondomhersteller verärgerten dagegen vor allem versteckte Nebenkosten. Die Österreicher hatten höhere Grenzwerte beim Berstvolumen eines Kondoms durchgesetzt, sodass seitdem 18 statt wie zuvor 15 Liter Wasser in den Testpräser gepumpt werden, bevor er platzen darf. Was die Wasserabrechnungen gleich mit explodieren ließ. Streit gab es auch um den deutschen Hygiene-Fimmel. Da Kondome ja bekanntlich beim oralen Verkehr schon mal in den Mund genommen werden, fallen sie in Deutschland unter das Lebensmittelgesetz, und die 17 anderen Staaten stießen sich am deutschen Reinheitsgebot.

Zwischendurch meldeten sich noch die Niederländer zu Wort und monierten, dass Kondome aus holländischer Fertigung wirklich berstfest seien, während die Japaner, die für zu Hause nur 14-Zentimeter-Winzlinge produzieren, weltweit aber jede gewünschte Größe liefern können, auf ihre Innovationskraft auf dem Gebiet der Kondomologie verwiesen: Ihnen sei eine Beschichtung mit einem Gout von Hummer gelungen. Beauftragte Tester berichteten, nachdem sie die Delikatessenkondome in den Mund genommen hatten, die

Hummergummis mundeten wie Patentkleber mit Fischgeschmack.

Die Briten wiederum lehnten solche fernöstlichen Kinkerlitzchen rundheraus ab und bemängelten stattdessen, dass ein britischer Penis, wie ihre Forscher gemessen hatten, nicht in die bis dahin handelsüblichen Gummis von 15 Zentimetern Länge passen würde. Die einstige Weltmacht hatte Reihenuntersuchungen in Auftrag gegeben, und der Londoner Arzt Stuart Tovey stellte zur großen Freude der Nation fest, dass der angelsächsische »private member«, wie die Briten ihr Mannesteil nennen, in statu erectionis imposanter sei, als man vermutet hatte, was einen hymnischen Jauchzer quer durch alle Medien der Insel gehen ließ. Die Ehre des Vereinigten Königreichs war wieder hergestellt, man verkündete den Triumph der britischen Dickmänner über den zu kurz gekommenen Kontinent. Jeder fünfte Brite passte nämlich nicht in ein Kondom von herkömmlicher Abmessung, und weitere 50 Prozent hatten Schwierigkeiten beim Anlegen, weil die Festlandspräservative für einen gestandenen britischen Penis zu eng oder zu kurz waren. Die Intervention wurde zu einem Sieg auf ganzer Linie: Die europäische Standardkondomlänge wurde von 15 auf 16 Zentimeter heraufgesetzt.

Die britische Presse jubelte, die Prachtmaße des englischen Gliedes verdrängten sogar König Fußball eine Weile von den Titelseiten. Wären da nicht die Norweger gewesen, die aufgeschreckt selbst das Lineal angelegt hatten und als Ergebnis der Volksvermessung dem Rest Europas neue Rekordmaße präsentieren konnten, weshalb die Skandinavier für den norwegischen Penis selbstbewusst einen weiteren Zentimeter forderten. Was wiederum den Franzosen keine Ruhe ließ und die Grande Nation mit dem Argument, ein Franzose sei nun mal so stark gebaut wie ein Amerikaner, bei denen die Kondome eben diese Länge hätten, bewog, eine Verlängerung auf 18 Zentimeter zu beantragen. Keiner wollte klein beigeben, aber das französische Riesenkondom wäre wiederum für die Italiener und Spanier entschieden zu groß gewesen. Auch wenn das nie öffentlich zugegeben wurde. In der Brüsseler Normenkommission legte man schließlich gewohnt bürokratisch unkompliziert fest, dass ein europäischer Penis ein Kondom von 17 Zentimetern Länge benötigt.

Um das Europakondom auch für Frauen attraktiv zu gestalten, wurden stimulierende Noppen und zackenbarschähnliche Musterungen amtlich erlaubt. Außer in Irland, wo der Gesetzgeber für einen Rest an christlicher Sittenzucht sorgte, indem er solche unmoralischen Auswüchse auf der Insel verbot. Vehement protestierte auch der Verband der dänischen Berufsfischer gegen die EU-Direktive, nach der Fischerboote bei über achtstündiger Abwesenheit vom Heimathafen eine Hunderterpackung Präservative mit sich führen sollten. Wobei man als dänischer Fischer auch stolz hätte sein können, was die Kommissare in Brüssel einem da zutrauten. Um das Kontingent aufzubrauchen, hätten sich die Besatzungen kleinerer Kutter nämlich alle halbe Stunde einen neuen Pariser aufstöpseln müssen.

Wie wurde der Vibrator erfunden?

Wenn man unter dem Stichwort Vibrator im Lexikon nachschlägt, findet man dort Erläuterungen wie »ein bekanntes Sexspielzeug«. Genau genommen greift diese Erklärung zu kurz, denn ursprünglich war der Vibrator kein Verwöhnspielzeug, sondern ein Haushaltsgerät. Noch ein Jahrzehnt vor dem Staubsauger war er der fünfte Haushaltshelfer, der elektrifiziert wurde – nach Nähmaschine, Föhn, Kessel und Toaster.

Schon 1880 hat sich ein gewisser Dr. Joseph

Mortimer Granville die erste elektromechanische Ausführung in den USA patentieren lassen. Das Ding muss ein Verkaufsschlager gewesen sein, denn schon kurze Zeit später war die Palette an Modellen überaus breit gefächert. So konnten die Besucher der Pariser Weltausstellung im Jahr 1900 bewundern, was die damalige Zeit an fortgeschrittener Vibrator-Technik zu bieten hatte. Von den eher preiswerten wind-, wasser-, gas- oder batteriebetriebenen Ausführungen um 15 Dollar bis zu dem strombetriebenen Spitzenmodell aller Klassen, dem 200 Dollar teuren Chattanooga-Vibrator. Besonders beliebt und Platz sparend war das Alles-in-einem-Modell, welches die moderne Hausfrau dank diverser Aufsätze zum Mixen, Stampfen, Mahlen, als Föhn und Vibrator benutzen konnte.

Begründet lagen diese merkwürdigen Erfindungen darin, dass man bis vor knapp 100 Jahren dachte, das angeblich typische Frauenleiden Hysterie (das für so ziemlich alles als Erklärung herangezogen wurde, was an Frauen anders ist als an Männern) sei die Folge einer Aufruhr des weiblichen Unterleibes gegen eine nicht erfolgte sexuelle Triebabfuhr. So wurde der Vibrator lange Zeit als Therapiegerät gegen diese Unpässlichkeit unter streng medizinischer Anleitung zum Einsatz gebracht.

Aufgedeckt hat das die amerikanische Historikerin Rachel Maines, als sie für ihre richtungsweisende Abhandlung *Amerikanische Hausarbeit im Umbruch, 1880 bis 1930,* die bis dahin wenig beachtete Welt des hauswirtschaftlichen Treibens wissenschaftlich durchleuchtet hat. Bei der Recherche in historischen Frauenzeitschriften war Maines auf Anzeigen gestoßen, die mit Schlagzeilen wie »Vibration ist Leben« seltsam geformte Geräte zur Förderung von »Lebenskraft und Schönheit« anpriesen, die nichts anderes als frühe Vibratoren waren. Selbst in einem Museum fand sie »Skelettmuskulatur-Entspannungsapparate« ausgestellt, die erstaunliche Ähnlichkeit mit modernen Geräten aufwiesen und einer langen Tradition heute verpönter Massagetechnik entstammen. Hysterie war eines der am häufigsten diagnostizierten Frauenleiden in der Medizingeschichte, bis die Amerikanische Psychiatrische Vereinigung sie 1952 von ihrer offiziellen Liste strich.

Schon im 15. Jahrhundert berichtete der Heilkundige Arnaldus von Villanova begeistert von seiner Kunst und der günstigen Wirkung innerer Massage bei »unausgeglichenen Witwen und Nonnen«. Der berühmte Chirurg Ambroise Paré empfahl hundert Jahre später den Einsatz des »Fingers einer Hebamme«. Sein Kollege

Abraham Zacuto legte im 17. Jahrhundert »gottesfürchtigen Ärzten« die delikate Handarbeit nahe, wenn befallenen Frauen ob ihrer Krankheit der Tod drohe. Nonnen, die verstärkt von dämonischen Anfällen besessen waren, wurden mit dem Segen von ganz oben Dildos zugeführt.

Im 18. Jahrhundert war das nicht mehr möglich, da damals zum Zwecke der Genesung nichts eingeführt werden durfte, weil dies als verstärkender Faktor und folglich als schädlich galt. Als alternative Heilmethode wurde stattdessen stundenlanges Reiten auf einem Pferderücken empfohlen, weshalb findige Spezialreiseveranstalter bald auch Touren auf holprigen Wegen in Pferdekutschen anboten, die für die nötige Entspannung sorgen sollten. Wem das zu teuer war, der konnte seiner Frau alternativ einen Schaukelstuhl schenken, denn heftige Beckenbewegungen wurden ebenfalls als hilfreich gegen die lästigen Beschwerden angesehen.

Im ausgehenden 19. Jahrhundert hatte jeder Heilkundige unter seinen weiblichen Kunden »ewige Patienten«, die er über Jahre hinweg, üblicherweise wöchentlich, zur manuellen Linderung hysterischer Beschwerden aufsuchte. Die medizinisch indizierte Fummelei rief bei den Ehegatten aber keineswegs Argwohn oder Eifersucht hervor. Deren Logik zufolge war das zentrale Ziel des Geschlechtsaktes der männliche Orgasmus. Was Frauen unter ärztlicher Zuwendung erlebten, galt deshalb nicht als Lustgewinn, sondern als »hysterischer Paroxysmus«. Eine »Krise«, wie sie bei fiebrigen Erkrankungen der Genesung vorausgeht.

Wer jetzt aber denkt, dass den Medizinern die Unterleibsmassage heimliches Vergnügen bereitet hätte, liegt falsch. Bereits im 17. Jahrhundert machten die Heilkundigen ihre Abneigung gegen die anstrengende Therapie aktenkundig. Freudig begrüßte die medizinische Zunft daher mechanische Hilfen, wie den 1869 von dem amerikanischen Arzt George Taylor erfundenen dampfbetriebenen »Manipulator«. Sein vibrierender Kopf war in der Mitte einer Massageliege installiert. In vielen Kurbädern wurden Gerätschaften zur Anwendung der »aufsteigenden Dusche« verwendet, ein stimulierender Wasserstrahl an einer gewissen Stelle. Ganz ähnlich hielt Pfarrer Sebastian Kneipp einen auf die Hüftgegend gezielten kräftigen Wasserschwall bei der Behandlung weiblicher Unpässlichkeit für angezeigt. Auch mit druckluftbetriebenen Rüttlern experimentierten findige Medizinpioniere.

Einen wahren Boom erlebte die Vibrationstherapie, als Geräte auf den Markt kamen, die mit normalem Haushaltsstrom gespeist werden konnten. Beeindruckende verchromte Apparate mit wuchtigen Holzgriffen hielten Einzug in die Arztpraxen. Deckenmontierte Geräte mit flexiblen Wellen erinnern an Kraftschrauber, wie sie heute in Autowerkstätten im Einsatz sind. Dank solcher Hilfsmittel konnten Ärzte die hysterische Krise statt in stundenlanger Handarbeit in nur zehn Minuten lösen und nebenbei noch den Umsatz ihrer Praxen beträchtlich steigern.

Mit Argwohn betrachtete die medizinische Zunft deshalb den technischen Fortschritt, der immer kleinere Apparate hervorbrachte, die sogar zur häuslichen Selbsttherapie geeignet waren. Die American Vibrator Company etwa pries ein Gerät an, das »niemals müde wird«. Die Firma Star empfahl »entzückende Begleiter«, die mit ihrem etwa zwei Meter langen Kabel »ideal für Wochenendreisen« seien. Für nur fünf Dollar war der »Bebout«-Vibrator zu haben, den – wie es in einer Anzeige aus dem Jahr 1908 heißt – eine Frau erfunden habe, die »die Bedürfnisse ihrer Geschlechtsgenossinnen« gut kenne. Das Versandhaus Sears, Roebuck & Company pries noch 1918 unter der Rubrik *Hilfen, die jede Frau zu schaetzen weiss* den »Haushaltsmotor« als eine Art Universalbeglücker an: Durch entsprechende Adapter konnte er sowohl als Vibrator als auch als Antriebsaggregat für Mixer und Nähmaschine dienen.

Um 1920 verschwanden solche Anzeigen aus den Publikationen und die therapeutischen Hilfsmittel aus den Arztpraxen. Zum einen hatte sich durch Sigmund Freud die Meinung verbreitet, dass hysterische Anfälle eher durch analytische Gespräche als durch Handanlegen zu heilen seien. Zum anderen war die soziale Tarnung des Vibrators aufgeflogen, als die Geräte erstmals in Pornofilmen auftauchten. Welcher Ehemann wollte schon auf dem heimischen Nachttisch etwas entdecken, das er eben noch im Schmuddelkino bestaunt hatte. So zieht etwa in *Widow's delight*, einem Pornofilm der 1920er Jahre, erstmals eine Frau öffentlich einen Abend mit ihrem Vibrator einem Rendezvous vor.

OB APHRODISIAKA DIE LIBIDO IN SCHWUNG BRINGEN, MONOGAMIE DIE MANNESKRAFT SCHWÄCHT UND DAS GEHIRN ABSCHALTET, WENN DER SCHWANZ STEHT

Können Aphrodisiaka die Libido in Schwung bringen?

Der Begriff Aphrodisiakum leitet sich ab von Aphrodite, der Göttin der Liebe, und schon die alten Griechen und Römer versuchten, den Widerspenstigen mittels allerlei Tinkturen zu neuer Pracht zu entfalten. Besonders hilfreich sollte es dabei sein, eine Satyrion-Wurzel in Ziegenmilch aufzulösen, und bei einem namenlosen Historiker hat das Rezept auch wahre Wundertaten bewirkt. Er berichtet jedenfalls in stolzen Worten, dass er, nachdem er eine Dosis zu sich genommen hatte, in der Lage war, nicht weniger als 70 aufeinander folgende Liebesakte zu absolvieren. Wobei man den Zaubersud nicht einmal trinken musste, nach Auskunft des glücklichen Historikers konnte man eine Erektion schon dadurch zutage fördern, dass man die Pflanze nur in der Hand hielt. Von gesunder Rohkost als Alternative hielt der Mann allerdings nicht viel, weil durch das Knabbern an einem Salatblatt die Wirkung wieder neutralisiert wurde. Grüner Salat galt als Anti-Aphrodisiakum und erfreute sich daher auch nicht der Beliebtheit, die er heute genießt.

Auch die Vanille hatte einen guten Ruf, was nicht weiter verwundert, ist ihr Name doch vom lateinischen »Vagina« abgeleitet. In Spanien schwört man von alters her auf kulinarisch zubereiteten Stierhoden, der die eingeschlafenen Lenden wieder aktiv machen soll. Casanova empfahl dagegen, regelmäßig Austern zu verzehren, wenn man es ihm gleichtun wollte. Shakespeare erwähnt in einem seiner Dramen die potenzfördernde Kraft der Kartoffel, und in Asien und Afrika werden den Hoden von Widdern und Schafböcken auch heute noch geheimnisvolle Kräfte zugeschrieben. In Deutschland mag man es bodenständiger und begnügt sich mit Hausmannskost, wie ein altes Sprichwort verrät: »Freu dich, Fritzchen, morgen gibt's Selleriesalat.«

Schuld an dem Dilemma mit dem ungehorsamen Organ soll Adam sein, zumindest wenn man den heiligen Augustinus befragt. Tadelnd hat er bestimmt, dass der Eigensinn des männlichen Gliedes die gerechte Strafe für den Sündenfall sei. Gehorchte Adam im Paradies seine Wünschelrute noch wunschgemäß, wurde der Ungehorsam unserer Stammeseltern kurze Zeit später mit dem Ungehorsam des männlichen Genitals bestraft.

Alles, was steil, lang und fest war, wurde aus anschaulichen Gründen schon immer als hilfreich erachtet, wenn es darum ging, auch etwas anderes steif und fest zu machen. Jedes Jahr zur Spargelzeit wird zum Beispiel diskutiert, ob die leckeren Erdstangen etwas für die Potenz tun können. Das Wunder vollbringen soll die im Spargel reichlich vorhandene Aminosäure Asparagin. Aus nahe liegenden Gründen wurde das vom Verband der Spargelzüchter auch bisher nicht abgestritten, es ist aber falsch. Die Zeitschrift *Öko-Test*, sonst dem Gemüse ja eher zugetan, hat nämlich gründlich nachgeforscht und kam zu dem Ergebnis, dass Spargel lediglich harntreibend wirkt. Er regt das Wassertreiben in den unteren Regionen an, und dieses mag, daher vielleicht die Legende, auf andere in der Region befindliche Organe anregend wirken.

Neben dem Spargel wurde im Laufe der Jahrhunderte auch so ziemlich jedem anderen Gemüse und jeder Frucht eine aphrodisierende Wirkung unterstellt. Etwa der Artischocke, wegen des in ihr enthaltenen Bitterstoffs Cynarin. Bei der Erdbeere ist der Asparaginsäuregehalt sogar fast doppelt so hoch wie beim Spargel, nützen tut es der Manneskraft trotzdem nichts. Auch der Sellerie hat einen guten Ruf: Bereits im 15. Jahrhundert riet man dem Manne, seinen Penis mit Selleriesaft einzureiben, damit die Frau »ihn für allemal lieb hat«. Doch wie bei Spargel, Bohnen und Knoblauch sucht auch im

Falle des Selleries die Wissenschaft nach wie vor vergeblich den Beweis für eine potenzsteigernde Wirkung. Gesund ist Sellerie aber auf jeden Fall.

Die »Spanische Fliege« ist ein Käfer, aus dem der Wirkstoff Cantharidin gewonnen wird, ein starkes Gift, das die Geschlechts- und andere Organe reizt und zu schweren Entzündungen führen kann. Deshalb ist der Wirkstoff in Deutschland nur in homöopathischer Dosierung erlaubt. Ob er in dieser Form für sexuelle Anregung sorgt, ist äußerst zweifelhaft.

Ein Extrakt aus Stierhoden wird manchen Produkten wohl wegen des männlichen Hormons Testosteron zugesetzt. Das Hormon spielt zwar eine Rolle für die Potenz, zum Stier wird dadurch aber gewiss keiner. Einem Gesunden bringt zusätzliches Testosteron nämlich nichts, und für einen Kranken ist die Dosis in den Potenzmitteln zu klein.

Auch Austern hinterlassen keinen nachhaltigen Eindruck. Von Casanova wird zwar berichtet, dass er seine sagenumwobene Potenz nicht zuletzt einem allabendlichen Verzehr von mindestens 50 Austern verdankte. Analysen des Austernfleisches haben aber ergeben, dass in der Auster ausschließlich Stoffe enthalten sind, die sich auch in anderen Nahrungsmitteln finden (85 Prozent Wasser, sieben Prozent Eiweiß und vier Prozent Kohlenhydrate). Die Annahme, dass Austern aphrodisisch wirken sollen, hat wohl eher mit ihrer Form zu tun als mit einer tatsächlichen potenzsteigernden Wirkung. Trotzdem wird steif und fest behauptet, Austern förderten die Libido – selbst bei Frauen. So will ein Arzt aus Biloxi im US-Bundesstaat Mississippi »sieben frigide Jungfrauen« mit Austern von ihrer Unempfänglichkeit kuriert haben. Immerhin enthalten Austern verschiedene Vitamine (A, B_1, B_2, C und D) und viele wichtige Mineralien – darunter Zink, das bei der Testosteron-Produktion eine wichtige Rolle spielt. In den Gehirnregionen, die für die Emotionen und die Libido verantwortlich sind, befinden sich hohe Zinkanteile. Da Austern extrem viel Zink enthalten, sollen sie die Spermienproduktion anregen. Die Forschung sagt aber, dass ein zu hoher Zinkspiegel bei Männern und Frauen zu reduzierter Fruchtbarkeit führt, auch Missbildungen und Komplikationen während der Schwangerschaft sind häufiger. Den Appetit verderben lassen sollte man sich trotzdem nicht, denn die Muscheln sind eiweißreich sowie fett- und kalorienarm.

Schon lange heißt es, Lakritze mache müde Männer scharf. In zahlreichen Ratgebern kann man von der angeblich sexuell anregenden Wirkung der Leckerei aus den gelben Wurzeln des Süßholzstrauches lesen. Alte Rezepturen empfehlen Süßholz, gemischt mit warmer Butter, Zucker, Fenchel und Milch, als Kräftigungsmittel, »nach dem sich ein Mann so wohl fühlt, dass er nicht nur eine Frau haben möchte«. Italienische Ärzte warnen allerdings vor dem Genuss. Sie haben nämlich herausgefunden, dass Männer sich entscheiden müssen: Lakritze oder Libido. Häufiger Lakritzkonsum hemmt nämlich die Enzyme, die für die Bildung des Sexualhormons Testosteron nötig sind. Wer täglich Lakritze isst, soll beim Sex schon mal Schwierigkeiten bekommen können.

Bei ihrem Versuch verabreichten die Mediziner Männern eine Woche lang 250 Gramm gewöhnliche Lakritze. Der Testosteronspiegel der Probanden sank um 44 Prozent. Frühere Versuche an Ratten brachten ähnliche Ergebnisse. Im *Deutschen Ärzteblatt* wurde sogar über den Fall eines 37-Jährigen berichtet, der mit Schwindelanfällen, Bluthochdruck, Herzrhythmusstörungen und Schwäche ins Krankenhaus eingeliefert wurde, weil er täglich zwei Tüten Gummipastillen mit Lakritzextrakt gegessen hatte. Zum Glück ist die Wirkung aber nicht von Dauer. Bereits nach vier Tagen Abstinenz normalisierte sich der Testosteronspiegel bei den Versuchspersonen wieder, schreiben die Wissenschaftler aus Padua und Sassari.

Bisher konnte nur bei einem einzigen Aphrodisiakum, der Rinde des afrikanischen Yohimbin-Baumes, eine tatsächliche Erhöhung der Potenz festgestellt werden. Das Pulver verursacht vermutlich eine Steigerung der Ausschüttung des Hormons Noradrenalin im männlichen Körper, was die Erregbarkeit steigert – das ist bewiesen. Das Yohimbin-Pulver ist in verschiedensten Potenzmitteln enthalten, einige davon sind rezeptpflichtig und nur über Apotheken zu beziehen. Das Problem ist aber, dass eine zu geringe Dosis nicht ausreicht, um eine Wirkung zu zeigen, und eine zu hohe Dosierung giftig wirkt.

Gibt es andere Hilfen, wenn er mal nicht funktioniert?

Normalerweise sollten die Genitalien für einen Mann »immer eine Quelle des Stolzes« sein, wie ein Autor in den sechziger Jahren vollkommen zu Recht schrieb. Für den Fall, dass dem mal nicht so ist, wurde im Laufe der Jahrhunderte eine ganze Menge Erfindungsgeist darauf verwendet, komplizierte Stützen zur Einführung des schlaffen Penis in die Vagina herzustellen. Es ist ziemlich leicht, einen Zustand teilweiser

Erektion mittels eines Vakuums zu erreichen, und viele sinnreiche Apparate wurden um die Wende des 19. Jahrhunderts nach diesem Prinzip gebaut. Der Penis wurde in einen Zylinder eingeschlossen, der ein Ventil hatte, und mit Hilfe einer Saugpumpe wurde Unterdruck erzeugt. Dadurch kam es zu einem vorübergehenden Blutandrang, aber das angeschwollene Organ fiel schnell wieder in sich zusammen, wenn es herauskam.

Alte Schriftsteller der Hindus und Ägypter beschreiben Schienen, um den Penis zu stützen, der schlaff oder für den die Vagina zu weit war. Man verfertigte Ringe aus Metall oder Bambus, oft an der Außenseite aufgeraut, die man wie Serviettenringe über das Organ streifen konnte, um die notwendige Länge herzustellen. Oft wurde ein Band schmiegsamen Materials darum gewunden, um den gleichen Zweck zu erreichen. Solche Vorrichtungen waren allerdings unbrauchbar, denn das Organ brach unter dem Gewicht einfach zusammen.

Der Höhepunkt diesbezüglicher Erfindungsgabe wurde von einem Elektroingenieur erreicht, der eine vollständige Frau aus Gummi baute, mit beweglichen Teilen und einem Apparat zur Stützung für seine eigene Schwäche. Die Gummidame war bis ins kleinste Detail vollständig, und er baute sogar eine Saugpumpe ein, die als zusätzliche Hilfe in der Vagina ein Vakuum erzeugen konnte. Diese Pumpe wurde nebst einem Vibrationsmechanismus elektrisch durch Netzanschluss gesteuert. Leider lebten sie nur kurz miteinander, denn eines Tages wurde er tot im Bett gefunden. Seine Schöpfung hatte einen Kurzschluss erlitten.

Schwächt Monogamie die Manneskraft?

Die statistischen Erhebungen weisen zwar je nach Institut und Auftraggeber unterschiedliche Ergebnisse aus, bestätigen aber alle einen Trend: Die Häufigkeit der ehelichen Pflichterfüllung sinkt im Laufe des ersten Ehejahres etwa auf die Hälfte derer des ersten Monats, wo noch Rekordwerte von fünf bis sieben Liebesnächten erreicht werden. Danach verstärkt sich dann der Abwärtstrend, und nach drei Jahren ist dem Zahlenmaterial zufolge die Nummer am Samstagabend der erotische Höhepunkt der Woche.

Wenn man dem einst renommierten Londoner Herzspezialisten Dr. George Belham Glauben schenkt, sind daran eindeutig die Frauen schuld. Dr. Belham schrieb vor knapp 40 Jahren ein Liebeshandbuch mit dem Titel *The*

Virility Diet – Diät zur Manneskraft, das in England binnen einer Woche 8.000 Mal über den Ladentisch ging und dessen erste Auflage auch in Deutschland in nur wenigen Tagen vergriffen war.

Belham sah den eigentlichen Grund für schwindende Manneskraft in der Ehe, durch die ein Mann nach seinen Worten langsam, aber sicher zum Familieneunuchen degradiert wird: »Manche Männer können eine Zeit lang ein befriedigendes Ventil durch gelegentliche Affären mit Kolleginnen aus dem Büro oder beim Sport finden, aber dies verliert meist bald seinen Reiz, und allmählich finden die meisten, dass ihr Sexualdrang an den Umständen zugrunde geht.« Mit einem lapidaren Satz umschrieb der Doktor, was er für die Hauptursache schwindender Manneskraft hielt: »Impotenz entsteht aus dem Verlust des Appetits auf Sex.« Der Appetitverlust, so sein zweiter Leitsatz, sei aber dem Mann nicht selber zuzuschreiben: »Wenn ein Mann seine Potenz verliert, ist gewöhnlich seine Frau die zugrunde liegende Ursache.« Denn: »Immer dasselbe Gericht, angerührt in derselben Sauce, verliert seinen Reiz, wenn es Abend für Abend aufgetischt wird.« Jede »Frau mit Weitblick« beispielsweise wisse, dass »derselbe Körper sehr verschiedene Reaktionen hervorrufen kann, je nachdem, ob er in einen Flanellpyjama oder in ein schwarzes Negligé gehüllt ist«.

Oft sei aber die verfrühte sexuelle Kümmernis die Folge eines schleichenden Machtkampfes: »Viele Frauen kastrieren ihre Ehemänner durch ständige Kritik und Herabsetzung und quälen sie mit ihren emotionalen Ansprüchen«. Des Mannes »einzig wirksame Rache« sei es dann, tatsächlich impotent zu werden. Denn: »Eine Frau hat eine ebenso große Verantwortung gegenüber den sexuellen Bedürfnissen ihres Mannes wie gegenüber seinem Magen. Jede gute Köchin weiß, dass sie die Art der Zubereitung ändern muss, ohne dass sie sich ständig neue, exotische Speisen auszudenken braucht. Sie hat eine angemessene Zahl von Mahlzeiten, von denen sie aus Erfahrung weiß, dass sie ihrem Ehemann schmecken.«

Besonders am Herzen lag es Belham auch, die Respektlosigkeit junger Damen anzuprangern, denn »früher konnte ein Mann für seine Geschicklichkeit und Erfahrung auf dem Gebiet der Sexualität wie auf jedem anderen Respekt beanspruchen, auch wenn seine Kraft vielleicht nachzulassen begann.« Was natürlich unverschämt ist.

In einem Punkt lag Belham allerdings gar nicht so verkehrt. Die Ehe beziehungsweise die Monogamie schwächt tatsächlich die Manneskraft, was aber weniger an den Kochkünsten der Gattin liegt als an einem Stoffwechselvorgang im Gehirn des Mannes. Zumindest in Tierversuchen ist längst bestätigt worden, was alle wissen, dass nämlich irgendwann auch Extremsex beim Tandemsprung den erotischen Funken nicht mehr so fliegen lässt wie einst.

An der Emory University in Atlanta wollten Forscher herausfinden, wie es denn die Rhesus-Affen so treiben. Zu Beginn arbeiteten die Affenmännchen auch brav mit und machten fleißig Sex. Schlauerweise wurden die Weibchen mit Hormonspritzen aufgepäppelt, was dazu führte, dass sie das ganze Jahr über Lust hatten und nicht wie sonst nur acht bis zwölf Wochen im Jahr. Monatelang genossen die Affen das hemmungslose Sexualleben, was sich nach einem Jahr aber ziemlich schlagartig änderte, weil den Rhesus-Männchen die Lust verging. Die Zahl der Kopulationen mit den vier im Rotationssystem täglich wechselnden Partnerinnen sank auf schlappe 36 Prozent des vorher Erreichten, und zugleich verdoppelte sich die Länge der Pausen zwischen den einzelnen Geschlechtsakten.

Diese offensichtliche Potenzschwäche verschwand sofort, als die Wissenschaftler den müden Männchen eine Gruppe frischer Gespielinnen zuführte. Schnell war man wieder obenauf, und die Kopulationskurve erreichte sogar Rekordwerte. Rein äußerlich unterschieden sich die neuen Weibchen so gut wie nicht von den ehemaligen Lebensgefährtinnen, einzig der Umstand, dass es immerhin andere als die inzwischen altvertrauten Weibchen waren, genügte, um die erlahmende Potenz wieder aufzurichten.

Auch bei Bullen gibt es diesen bemerkenswerten Effekt. Wenn man einen Bullen das erste Mal zu einer Kuh führt, wird er freudig grunzen und sich ans Werk machen. Ersetzt man die Kuh nach getaner Arbeit durch eine neue Gespielin, wird er sich sofort wieder als ganzer Mann präsentieren und seine Zuverlässigkeit unter Beweis stellen. Was ohne Probleme bis zur zehnten oder zwölften Kuh so weitergehen kann. Versucht man aber, ihn auszutricksen, und präsentiert ihm eine der bereits besprungenen Kühe, verkleidet mit einem schicken Tuch über dem Gesicht, zum zweiten Mal tut er nur noch das Nötigste und verliert irgendwann ganz das Interesse.

Schuld soll ein Botenstoff namens Dopamin sein, auch Glücksdroge genannt, dessen Konzentration Biochemiker im Gehirn von Ratten und später auch von Männern gemessen haben, wobei sie feststellten, dass diese beim Anblick einer neuen Gespielin sprunghaft in die

Höhe schnellt. Beim Anblick der vertrauten Partnerin passiert dagegen nichts, meistens sinkt die Dopamin-Konzentration sogar. Das erklärt, warum in einer Partnerschaft mit der Zeit die Lust auf Sex vergeht.

Ist zu viel Auto oder Rad fahren schlecht für die Potenz?

Französische Forscher haben nachgewiesen, dass sich bei LKW-Fahrern der Nachwuchs später einstellt als bei Männern in anderen Berufen. Der Grund für diese Zeugungsschwäche liegt darin, dass sich die Hoden durch zu langes Sitzen hinter dem Steuer erwärmen.

Zur Kontrolle wurde eine Sonde an jeden Hoden von Brummi-Fahrern geklemmt, die alle zwei Minuten Messdaten lieferte. Ergebnis: Schon nach 160 Minuten Fahrt erhöhte sich die Temperatur im linken Hoden um 1,7 Grad und im rechten um 2,2 Grad. Das ist ganz schlecht für die Potenz, denn ein warmer Hodensack produziert nicht gerne Sperma. Auch andere Sitzberufe sind gefährdet, weil sie das Klima unter der Gürtellinie durcheinander bringen. So gehören etwa Finanzbeamte zur Risikogruppe, weil, wie eine Studie herausfand, der durchschnittliche Beamte während der Arbeitszeit nur etwa 200 Meter Fußweg zurücklegt. Messungen an Personen mit vorwiegend sitzender Berufstätigkeit ergaben eine deutlich erhöhte Temperatur im Schritt, was zu einer um 60 Prozent verminderten Spermienzahl führte.

Auch Rad fahren ist schlecht für die Potenz, allerdings nur bei Extremsportlern. Laut einer Erhebung der Universitätsklinik Köln sollen rund 13 Prozent der Berufsradsportler impotent sein. Die Quote bei nicht radelnden Männern liegt nur bei 5,6 Prozent. Zur Risikogruppe gehören allerdings nur Radfahrer, die in der Woche mindestens 300 Kilometer zurücklegen. Das trifft hauptsächlich auf Leistungssportler zu, der durchschnittliche Deutsche bringt es nach Auskunft des Fahrradclubs ADFC nur auf 300 Kilometer im Jahr.

Schuld ist die schmale Form des Rennsattels, der den empfindlichen Teilen des Mannes eine arge Belastung zumutet. Ein Großteil des Körpergewichts lastet auf dieser Region, was zur Folge hat, dass die Arterien, die den Penis mit Blut versorgen sollen, abgeklemmt werden, sodass die Durchblutung um 70 Prozent abnimmt, wie die Erhebung ergab. Norwegische Mediziner kamen bei einem Amateurradrennen zu dem gleichen Ergebnis, indem sie mit einer Spezialsonde den Blutfluss im Penis untersuchten. Vor dem Sport lag der Wert im Schnitt bei etwa 60 Millimeter Hg, um dann beim Radeln auf etwa 18 Millimeter Hg abzusinken.

Auch schnittige Radlerhosen sind eine Gefahrenquelle für die Manneskraft. Zu eng sitzende Kleidung kann nämlich die Zahl der Spermien im Ejakulat erheblich verringern. Die Körpertemperatur erhöht sich, und das ist Gift für die Männlichkeit. Schon eine Erhöhung der Temperatur um ein Prozent kann, so Andrologen, die Anzahl der Samenzellen um stolze 14 Prozent herabdrücken. Gut für die Potenz ist dagegen die Rückenlage im Bett. Die Hodentemperatur ist nämlich auch von der Schlafposition abhängig. Normalerweise ist sie nachts etwa ein Grad Celsius höher als am Tag. Seitenschläfer, bei denen die Hoden zwischen den Schenkeln liegen, haben eine durchschnittliche Skrotum-Temperatur von 36 Grad, Rückenschläfer dagegen ein Grad weniger.

Schaltet das Gehirn ab, wenn der Schwanz steht?

Wenn eine schöne Frau auftaucht, rutscht den Männern das Herz in die Hose und sie werden zu triebgesteuerten Idioten – glauben die Frauen. Ein Vorwurf, der Elizabeth Gould Davis, die ein Werk mit dem viel sagenden Titel *Neue Zivilisationsgeschichte aus weiblicher Sicht* verfasst hat, zu Hochzeiten der Frauenbewegung spotten ließ: »Der Penis ist der einzige Muskel, den der Mann nicht beugen, und auch die einzige Extremität, die er nicht kontrollieren kann. Sei der männliche Wille auch noch so stark, der Penis hebt und senkt sich, wie er will.«

Zumindest bei männlichen Säugetieren hat die Dame sogar nicht ganz Unrecht. Irgendetwas Breites auf zwei Beinen, von hinten gesehen, genügt in der Tierwelt, um einen eindeutigen Hormoncocktail ins Blut zu schütten. Biochemiker können problemlos nachweisen, dass sich in diesem Punkt ein Büffelbulle in nichts von einem Akademiker unterscheidet. Verhaltensforscher haben dieser eigentümlichen Verhaltensweise sogar einen Namen gegeben, den Turbogenreflex.

Es gibt sogar Wissenschaftler, die behaupten, im Endeffekt hätten Männer ihre Intelligenz den Frauen zu verdanken. Der amerikanische Forscher Geoffrey Miller hat nämlich die Theorie aufgestellt, Evas Töchter hätten die Evolution des männlichen Geschlechts dadurch vorangetrieben, dass sie sich immer nur mit den Schlauesten einließen und einen hellen Kopf dem tumben Muskelmann vorzogen, weshalb sich Adams Söhne vom affenartigen Wesen zum intelligenten Menschen entwickelt hätten.

Ähnlich wie der Pfau mit seinem bunten Federkleid versucht, einer Henne zu imponieren, hätten die urzeitlichen Männer ihre geistigen Fähigkeiten dadurch gestählt, dass sie sich immer raffiniertere Taktiken einfallen ließen, um die Steinzeitfrau ins Bett zu kriegen. An der Universität Ulm wurde diese Annahme sogar genetisch untermauert. Man hat intelligenzfördernde Veränderungen auf dem männlichen Y-Chromosom entdeckt, die als Folge dieser Bemühungen aufgetreten sind.

Forscher an der renommierten Harvard University haben herausgefunden, dass ein schönes Frauengesicht Männer hormonell abhängig macht. Anhand einer Serie von 80 Fotos, auf denen besonders gut aussehende oder nur durchschnittlich attraktive Damen und Herren zu sehen waren, sollte eine Gruppe von Männern deren Gesichter anhand einer Skala von eins (sehr unattraktiv) bis sieben (sehr attraktiv) bewerten. Mittels der Computertastatur konnte selbst bestimmt werden, wie lange man die Bilder auf dem Bildschirm anschauen wollte.

Wie nicht anders zu erwarten war, schauten sich die Männer die Gesichter der schöneren Frauen länger an als die der weniger gut aussehenden. Gleichzeitig wurde das Gehirn der Betrachter gescannt. Das ergab, dass beim Anblick einer schönen Frau im Gehirn eines Mannes die gleichen Areale aktiviert werden, die sonst nur angesichts von Essen, Geld, Drogen oder Glücksspiel angesprochen werden. Gleichzeitig wird der Botenstoff Dopamin ausgeschüttet, der bei Sucht und Lustgefühlen eine wichtige Rolle spielt. Gemessen wurde auch die Reaktion auf ein schönes Männergesicht. Das Belohnungszentrum schaltete sofort ab, und stattdessen trat eine Abwehrreaktion auf.

Was passiert im Gehirn eines Mannes, wenn er einen erotischen Film betrachtet?

Wenig Rühmliches hat der französische Psychiater Serge Stoleru in einer Studie nachgewiesen. Stoleru hat durchleuchtet, was im Gehirn eines Mannes beim Betrachten eines erotischen Videos vor sich geht. Heraus kam dabei, dass das Männerhirn bei derartigen Filmvorführungen so gut wie dicht macht und für andere Aufgaben nicht mehr zu gebrauchen ist.

Zu diesem Zweck hat Stoleru mit Freiwilligen einen Filmabend arrangiert, dessen Höhepunkt die Vorführung eines schmuddeligen Streifens aus seiner Privatsammlung war. Die Gehirne der Zuschauer wurden mit Hilfe der Positronen-Emissionstomographie (PET) verdrahtet, einem Gerät, das Gehirnströme überwacht und zuverlässig Auskunft über den jeweiligen Erektionsgrad des Verkabelten gibt.

Die Messungen ergaben, dass praktisch drei Viertel des männlichen Gehirns in einer solchen Situation blockiert sind und für anderweitige Tätigkeiten nicht länger zur Verfügung stehen. Die stärkste Aktivität zeigte sich im rechten unteren Frontallappen, beidseitig im unteren Temporallappen (verarbeitet visuelle und akustische Reize) und in der linken Gehirnhälfte im so genannten Cingulum (für Emotionen zuständig). Zur Kontrolle wurden noch Komödien und Tierfilme geboten, wobei erwartungsgemäß die Hirnaktivität deutlich nachließ. Ähnlich beschämend war der Befund amerikanischer Forscher, als sie Männer aufforderten, ihre Erektion bei der Darbietung von Sexvideos zu unterdrücken: Keiner der Männer konnte während des Streifens auf Dauer eine Erektion verhindern. Entlastend muss dazu allerdings erwähnt werden, dass die schwierige Aufgabe hinzu kam, detailliert zu beschreiben, was auf der Leinwand gerade passierte.

Was sind die biologischen Waffen der Frau?

Gegen Ende des 19. Jahrhunderts hat der französische Naturforscher Jean Henri Fabre eine interessante Beobachtung gemacht. Fabre hatte einen Kokon des prachtvollen Kleinen Nachtpfauenauges gefunden, den er mit in sein Landhaus nahm und über Nacht in seinem Arbeitszimmer unbeaufsichtigt liegen ließ. Am nächsten Morgen schlüpfte ein Weibchen aus, das er in einen Käfig sperrte. Das führte dazu, dass noch am selben Abend über 40 Nachtpfauenaugenmännchen zum offenen Fenster hereingeflogen kamen und der Jungfrau hartnäckig den Hof machten. In der folgenden Nacht stellten sich weitere 150 Bewerber ein. Wie Fabre schließlich nachweisen konnte, hatte das Weibchen aus Drüsen seines angeschwollenen Hinterleibs ein unsichtbares Sekret, ein Pheromon, abgesondert und mit diesem Duftstoff Freier aus über einer Meile Entfernung angelockt.

Inzwischen hat die Forschung belegt, dass ein Mann zu gewissen Zeiten einem weiblichen Großangriff mit modernster biologischer Kriegstechnik ausgesetzt ist, die es locker mit dem Waffenarsenal der US-Marines aufnehmen kann. Der Wiener Professor Karl Grammer, eine weltweit anerkannte Kapazität auf dem Gebiet der Verhaltensforschung, hat vor einigen Jahren nachgewiesen, dass Frauen in der Zeit ihres Eisprungs Duftstoffe produzieren, die einen manipulierenden Einfluss auf Männer haben. Wenn ein Mann diese Pheromone in die Nase bekommt, bricht seine Fähigkeit, weibliche Attraktivität zu beurteilen, völlig in sich zusammen und macht ihn willenlos. Diese so genannten Ovulations-Kopuline bestehen aus einem Gemisch kurzkettiger Fettsäuren und werden in der Vagina gebildet. Einmal eingeatmet, lassen sie einem Mann grundsätzlich jede Frau schön und begehrenswert erscheinen.

Grammer legte Männern Fotos von fünf verschieden attraktiven Frauen zur Begutachtung vor. Die Aufgabe war, die abgebildeten Damen wie in der Schule mit Noten zu versehen. Zu

Beginn der Untersuchung kam es zu normalen Ergebnissen. Einige der Damen wurden als begehrenswerter, andere als weniger interessant eingestuft. Was sich schlagartig veränderte, als einigen der Testpersonen Tücher gereicht wurden, die ohne ihr Wissen zuvor mit Ovulations-Kopulinen getränkt worden waren. Die benebelten Männer stuften plötzlich alle Frauen als mehr oder weniger gleich begehrenswert ein. Selbst wenn sie diese kurz zuvor noch wenig anziehend fanden.

Gerade Frauen, die im unbetörten Zustand als unattraktiv eingestuft wurden, erschienen unter dem Einfluss der Duftstoffe plötzlich überaus reizvoll. Wobei die anfangs am schlechtesten benoteten Frauen auf der Notenskala den größten Sprung nach vorn machten, während die einstigen Favoriten stark an Ansehen verloren. Parallel zum Verlust der Urteilskraft ließen die Duftstoffe auch die Testosteronwerte deutlich steigen. Die Probanden hatten vor und nach dem Schnüffeltest Speichelproben abgegeben. Dabei zeigte sich, dass diejenigen, die den Duft des Eisprungs in der Nase hatten, auch die höchsten Testosteronkonzentrationen im Körper hatten. Zur Kontrolle wurde noch eine Stichprobe unter dem Einfluss von reinem Wasserdampf gemacht. Hier fielen die Ergebnisse normal aus.

Auch der Pheromon-Forscher Andrew Scholey von der britischen North Columbia University fand die Wirkung in seinen Versuchen bestätigt. Er las duftmanipulierten Männern Geschichten vor. Die stellten sich dabei die weiblichen Hauptpersonen sehr viel anziehender vor, wenn sie zuvor eine Dosis Pheromone eingeatmet hatten.

Einen anderen Weg ist die Psychologin Norma McCoy von der San Francisco University gegangen. Sie hat Frauen künstliche Lockstoffe in ihr Parfüm gemischt. Mit dem Erfolg, dass der Zuspruch vom anderen Geschlecht Rekordwerte erreichte. Er war etwa drei Mal so hoch wie in Zeiten ohne das getürkte Duftwasser. Während des 14-tägigen Versuchszeitraums bekamen die Frauen einige Tropfen des Pheromons »Athena Pheromone 10:13« in ihren Flakon gemischt, andere Frauen trugen zur Kontrolle nur destilliertes Wasser auf. Beide Gruppen mussten täglich darüber Bericht erstatten, wie oft sie mit Männern Kontakt hatten, geküsst wurden oder Sex hatten. Das Ergebnis: 74 Prozent der Frauen, die das Pheromon benutzten, verzeichneten eine dreifache Zunahme ihrer sexuellen Aktivitäten. Die Verkehrsdichte bei der Wassergruppe erhöhte sich dagegen nur um magere 23 Prozent. Und wenn Teilnehmerinnen aus der zweiten Gruppe sich verabredeten, blieb es beim romantischen Abendessen, während die Frauen mit dem Pheromon-Duftwasser meistens auch noch ein Dessert nahmen.

Kann man sich eine Frau schön trinken?

Eine immer wieder gern zitierte Kneipenweisheit behauptet, dass bei steigendem Alkoholpegel jede Frau irgendwann begehrenswert wird. Dass Männer in manchen Situationen triebgesteuert reagieren, soll hier auch gar nicht abgestritten werden. Die wissenschaftliche Beweislast spricht eindeutig gegen das starke Geschlecht. Die Unterstellung, dass einem Mann im Alkoholrausch alle Frauen begehrenswert erscheinen und er jede nimmt, die mit ihm kommt, ist aber eindeutig in den Bereich der Stammtischlegenden zu verweisen. Nach fünf Bieren ist noch lange nicht jede Frau schön.

Richtig ist, dass Frauen zu vorgerückter Stunde schöner werden. In einer groß angelegten Kneipenstudie des schon einmal angeführten Wiener Professors Karl Grammer wurden Männer und Frauen gebeten, anhand einer Zehn-Punkte-Skala die anwesenden Damen beziehungsweise Herren zu benoten. Und zwar einmal bei Eintreffen, das zweite Mal im Laufe des Abends und schließlich eine Stunde vor Ladenschluss. Dabei erhielt eine Frau, die um sieben Uhr abends die Note 5,0 bekommen hatte, um halb elf bereits eine 7,0 und kurz vor der Polizeistunde die Note 8,5. Ein Mann dagegen, dem eine Frau um sieben Uhr abends die Note 5,0 gegeben hatte, kam auch um Mitternacht nicht über eine 5,5 hinaus.

Ein Ergebnis, das auch in einer Studie von schottischen Psychologen bestätigt wurde. Wobei bei dieser Erhebung schlauerweise auch der Alkoholkonsum berücksichtigt wurde. Männern und Frauen wurden Fotos vorgelegt, die auf einer Schönheitsskala von »sehr unattraktiv« bis »sehr attraktiv« benotet werden mussten. Die eine Hälfte war dabei nüchtern, die andere entspannte sich zuvor mit einem Schlückchen. Ergebnis: Ob ein Mann ein oder sechs Gläser getrunken hatte, zeigte auf der Bewertungsskala keinerlei Auswirkung. Bei den Frauen sank die Attraktivität der Fotomodelle sogar mit zunehmendem Alkoholkonsum.

Die angebliche Bierglasbrille ist einem psychologischen Mechanismus zuzuschreiben. Eine weitere schottische Studie hat herausgefunden, dass Männer empfindlich sind, wenn sich im Laufe eines Abends die Chancen auf ein Abenteuer verflüchtigen. Die Bewertung einer Frau steht und fällt mit der Wahrscheinlichkeit, ob sie den Mann die gewünschte Rolle als professioneller Samenspender einnehmen lässt. Bleibt ein Mann erfolglos in dem Versuch, eine Frau für sich zu begeistern, beurteilt er den Rest der im Lokal anwesenden weiblichen Gäste umso positiver. So bekam eine Kneipenbesucherin anfangs durchschnittlich nur eine magere Note von 4,0. Was sich ohne Dazutun von Alkohol änderte, als sich die betreffenden Männer bereits woanders Abfuhren eingefahren hatten. Im Laufe des Abends stieg die Bewertung von 6,5 bis auf rekordverdächtige 9,0 Punkte.

Die Untersuchungen über sexuelle Strategien erklären dieses Phänomen mit Wahrnehmungsverschiebungen. Am häufigsten sollen die auftreten, wenn der Betroffene durch den Wunsch nach sexueller Befriedigung motiviert ist, aber keine verpflichtende Beziehung will. Oder wenn die Frau unter seinem persönlichen Wert auf dem Partnermarkt rangiert.

Zur Ehrenrettung der Männer soll noch von einer Entdeckung berichtet werden, die bei Frettchen gemacht wurde. Mit den Hoden schwillt bei Frettchen auch das Gehirn an. Im März, wenn der Frühling die Gefühle entfacht, verdreifacht sich unter dem Einfluss des Testosterons das Gewicht der Hoden. Parallel dazu legen die Gehirne von 6,49 Gramm im Dezembertief auf 7,39 Gramm im April zu. Bei den Weibchen wurde diese Veränderung nicht beobachtet.

WIE MAN EINEN VORGETÄUSCHTEN ORGASMUS ERKENNEN KANN, WARUM MÄNNER IMMER NUR EINEN HÖHEPUNKT HABEN UND WARUM SIE DANACH EINSCHLAFEN

Wie kann man einen vorgetäuschten Orgasmus erkennen?

So gut wie überhaupt nicht. In diesem Punkt sind sich die medizinischen Kapazitäten ausnahmsweise einmal einig: Es gibt nur ein einziges wissenschaftlich gesichertes, bei allen Frauen in seltener Einstimmigkeit auftretendes Merkmal, mit dessen Hilfe ein Mann einen echten von einem falschen Höhepunkt unterscheiden kann. Es handelt sich um Scheidenkontraktionen während des Orgasmus, die aber selbst von einem im Liebesspiel geübten Experten so gut wie nicht zu erkennen sind.

Das *PM-Magazin* hat ausgerechnet, dass bei einer Lebenserwartung von 73 Jahren etwa fünf Monate netto für den Geschlechtsverkehr (ohne Vor- oder Nachspiel) draufgehen und ein Durchschnittspaar dabei auf 4.450 Liebesakte kommt. Die Lebensleistung eines Mannes besteht statistisch in 30 bis 50 Litern Samenflüssigkeit, wobei die gigantische Summe von 1.335.000.000.000 Spermien die heimatlichen Hoden verlassen.

Das Ejakulat wird in Intervallen von 0,8 Sekunden mit einer Geschwindigkeit von 17 Kilometern pro Stunde ausgestoßen, die Herzfrequenz steigt auf 110 bis 180 Schläge, die Atemfrequenz auf bis zu 40 Atemzüge pro

Minute. Der Orgasmus selbst dauert zwischen drei und zehn Sekunden, wenn man Glück hat auch schon mal 15 Sekunden. Zusammen genommen, ergibt das ungefähr zehn Stunden Orgasmus am Stück. Was ziemlich wenig ist, wenn man bedenkt, wie viel Aufhebens darum gemacht wird. Und vielleicht ein Hinweis, dass Frauen doch schlauer sind, wenn sie mehr Wert auf das ganze Drumherum legen.

Ärgerlich, wenn von dieser knapp bemessenen Zeit etwas an einen vorgetäuschten Orgasmus verschwendet wird. Selbst der *Spiegel* hat sich diesem Thema gewidmet und Frauen befragt, bei welcher Gelegenheit sie denn am liebsten ein bisschen schwindeln. Ergebnis: Der vorgetäuschte Orgasmus steht auf Platz drei der verbreitetsten weiblichen Lügen, nur knapp geschlagen von falschen Angaben zu Alter und Gewicht.

Ein weit verbreitetes Phänomen, denn selbst Forellenweibchen täuschen den Orgasmus vor. Das haben die Forscher Erik Petersson und Torbjörn Järvi von der schwedischen Fischereikommission bewiesen, als sie ihnen anvertrauten Bachforellen (Salmo trutta) beim Geschlechtsverkehr im Aquarium zugeschaut haben. Hinter jeden beobachteten Höhepunkt wurde geflissentlich ein Häkchen gemacht, und am Ende stand Erschreckendes auf der

Liste, nämlich dass 69 der 117 beobachteten Höhepunkte der Bachforellinnen nicht echt waren. Der Trick ist ganz einfach: Unmittelbar bevor Eier und Samen gleichzeitig abgelegt werden, zittern die Weibchen heftig, grad so, als ob es ihnen kommen würde, wodurch die gelackmeierten Männchen zu früh einen Orgasmus haben. Bei den Forellen ist der Grund für diese Täuschung bekannt: Die Weibchen können so entscheiden, von welchem Herrn sie denn gern kleine Forellen hätten und wer als Erzeuger nicht in die engere Wahl gezogen wird.

Auch in Italien hat jemand Frauen beim Geschlechtsverkehr beobachtet. Der Sexualwissenschaftler Maurizio Bossi hat zwar die eigentlich viel spannendere Frage nicht beantwortet, wie er die in seiner Studie als Beleg angeführten 5.000 Damen dazu gebracht hat, dass er ihnen zuschauen durfte. Aber er hat detaillierte Informationen hinterlassen, wie man garantiert und todsicher einen echten von einem falschen Orgasmus unterscheiden kann. Praktischerweise in Form einer Liste zum Abhaken, mit Merkmalen, die bei allen Frauen gleich sind, im Folgenden zur besseren Merkfähigkeit Bossi-Technik genannt.

Das Erlernen dieser Technik ist jedoch nur Fortgeschrittenen zu empfehlen, weil sie ausgeprägte akrobatische Fähigkeiten voraussetzt. Laut Bossi muss der Beischläfer nämlich so liegen, dass er gleichzeitig Gesicht, Bauch, Busen und Füße seiner Partnerin im Blick behalten kann. In welcher Stellung das möglich sein soll, verrät er nicht. Also, Bossi sagt, wenn es so weit ist, beginnt ihre Nase ganz leicht zu laufen und die Brustwarzen verhärten sich langsam. Unmittelbar davor muss sie schlucken, ihr Hals wird trocken, die Haut zwischen ihren Brüsten rötet und ihre Pupillen weiten sich. Und schließlich, ganz wichtig, beginnen als finaler Höhepunkt ihre Füße zu zucken, und der große Zeh bekommt eine Erektion, indem er sich kerzengerade aufrichtet. »Keine Frau«, da ist Bossi sich sicher, »kann diese Anzeichen kontrollieren.«

Im Internet gibt es eine preisgekrönte Seite, die immer wieder wichtige Männerfragen aufgreift, dem einen oder anderen vielleicht bekannt und so etwas wie das Online-Zentralorgan der deutschen Männerbewegung ist. Aber selbst eine Institution wie *Herberts Männerseiten* hat mehr oder weniger kapituliert vor den schauspielerischen Fähigkeiten von Frauen im Bett. Es wird nur empfohlen, ein Tonband mitlaufen zu lassen und nach vollendetem Tun das Band mit der Partnerin durchzugehen. O-Ton Herbert: »Stoppen Sie an einzelnen Stellen und fragen Sie, was sie in jenem Moment gefühlt hat. Wenn sie nicht spontan darauf antworten kann oder sich in Ausflüchte rettet wie: ›Woher soll ich das jetzt noch wissen?‹, ist dies ein schlechtes Zeichen.«

Wenn man Männern glaubt, benötigen 80 Prozent das Tonband oder die Beherrschung der Bossi-Technik aber gar nicht. Laut Umfrageergebnissen hat eine Größenordnung in dieser Höhe nämlich keinerlei Probleme damit zu erkennen, was sich da vor ihren Augen abspielt. Womit sie gründlich danebenliegen, denn die seriöse Forschung sagt, dass das einzig wirklich sichere Anzeichen die Scheidenkontraktion beim Orgasmus ist. Sie soll sich in einem rhythmischen Zusammenziehen der inneren Muskulatur ausdrücken, das nur schwer nachzuahmen ist. Vielleicht, weil hinter diesem Muskelspiel der tiefere Sinn steckt, den frisch einströmenden Samen zu dem nächsten befruchtungsfähigen Ei im Eileiter zu lenken. Pech, dass für einen Mann diese inneren Vorgänge so gut wie nicht zu lokalisieren sind.

Noch nicht untersucht wurde dagegen, in welcher Stellung der Orgasmus am besten oder am häufigsten vorgetäuscht wird.

Warum können Männer immer nur einen Orgasmus haben?

Der Weltrekord einer Frau aus New York soll angeblich bei 62 Orgasmen am Stück liegen. Wobei unbeantwortet bleibt, woher die Dame denn all die Männer für diese imposante Leistung bekommen hat.

Von Casanova wird berichtet, dass er bei einer namenlosen Piemonteser Bauernmagd nach eigenen Angaben »binnen einer Stunde elfmal zum Genusse gekommen, danach aber für ebenso viele Tage nicht mehr in der Laune gewesen« sei. Ein vergleichbares Kunststück ist unter Laborbedingungen dem Engadiner Melkburschen Balthasar Uetli im Jahre 1986 gelungen. Der »sexuell hoch Begabte« (Untersuchungsleiter Dr. Beat Tschuggen) hat immerhin »innerhalb von 70 Minuten neun Mal hintereinander ein messbares Quantum an Samenflüssigkeit zutage gefördert«. Uetlis sehnlichster Wunsch, mit seiner Kunst in *Wetten, dass ...* aufzutreten, wurde aber nicht erfüllt. Die zuständige Redakteurin zeigte sich zwar beeindruckt, wollte jedoch »die männlichen Zuschauer nicht einschüchtern«.

Garantiert nicht historisch verbürgt ist eine Anekdote über die Entstehungsgeschichte des multiplen Orgasmus, die in Feministinnenkreisen immer wieder für viel Heiterkeit sorgt und bis auf Adam und Eva zurückgeht. Als Gott eigentlich schon fertig war mit der Schöpfung, fiel ihm auf, dass er doch noch zwei übrig gebliebene Fertigkeiten zu verteilen hatte. Er sah Adam, der gerade in der Sonne herumlag und ein bisschen mit seinem Schwänzchen spielte, und rief: »He, Adam, ich hätte noch zwei schöne Geschenke.« »Wow, Geschenke, Geschenke!«, rief Adam zurück und schaute Gott freudig an. Der schaute gnädig zurück und antwortete: »Also, da wäre noch die Fähigkeit, im Stehen zu pinkeln, und ...« Adam ließ ihn leichtfertigerweise nicht ausreden, was wir ihm bis heute nicht verziehen haben, und rief: »Haben, haben!« »Na gut«, sagte Gott großmütig, »dann bekommt Eva eben den multiplen Orgasmus.«

Es sei den Frauen gegönnt, dass sie auch mal eine Pointe gelandet haben, auch wenn die nicht sehr originell ist. Die Frage, warum Männer immer nur einen Höhepunkt haben können, soll aber mit seriöser Wissenschaft beantwortet werden. Die sagt, dass der Orgasmus nichts als ein simpler Muskelreflex ist. Ein Reiz wird über Nervenbahnen ins Rückenmark geleitet, wo so genannte Neurotransmitter ausgeschüttet werden, die dann über komplexe Schaltwege zum Ziel der Reise in die Genitalien wandern. Auf dem Höhepunkt der sexuellen Erregung kommt es zu einem plötzlichen Nachlassen der Muskel- und Nervenanspannung, was den erwähnten Reiz auslöst und das angestaute Blut wieder abfließen lässt. Dieses freudige Ereignis wird vom Fachmann als Orgasmus bezeichnet.

Wie nicht anders zu erwarten, läuft die Sache bei der Frau komplizierter ab. Bei ihr entleeren sich nach dem Orgasmus die Blutgefäße im Becken und in den Geschlechtsorganen nicht zwangsläufig, und frisches Blut kann, anders als beim Mann, ständig zu- und abfließen. Im Normalfall lässt aber auch bei der Frau die Erregung nach, und Gehirn und Rückenmark geben den Befehl zum Rückzug. Das kann allerdings, typisch Frau, je nach Lust und Laune sofort widerrufen werden. Die Sexualorgane füllen sich wieder mit Blut und sind bereit zu neuen Taten.

Warum schlafen Männer nach dem Orgasmus ein?

Laut *Brigitte* und *Cosmopolitan* hält die Klage darüber, dass Männer sich nach einem erfolgreich abgeschlossenen Geschlechtsverkehr zur

Seite rollen und einschlafen, den dritten Platz unter den Eigenschaften, die Frauen an Männern beim Sex nicht gefallen. Nicht erwähnt wird, dass das Ruhebedürfnis des Mannes nach dem Sex eine simple biologische Funktion hat.

Die Schläfrigkeit stellt sicher, dass nicht vergessen wird, wofür man sich da eigentlich abgestrampelt hat, nämlich das Baby-Machen. Nach dem Sex sollen sich die Spermien auf die Suche nach dem Ei machen; jede überflüssige Aktivität in dieser Zeit würde das Zusammenfließen der Samenflüssigkeit stören und die Chance auf eine Befruchtung verringern. Mutter Natur scheint dem Mann nicht getraut und es für nötig befunden zu haben, eine Sicherung einzubauen, nach dem Motto: Wenn er danach nicht einschlafen würde, gäbe er sowieso keine Ruhe. Theoretisch hätte sie es nämlich durchaus so einrichten können, dass auch den Mann das Kuschelbedürfnis überfällt und nicht die Müdigkeit, was der Partnerschaft sicherlich zugute käme.

Ausgelöst wird die Mattigkeit durch das Blut, welches durch die Erektion in den Unterleib geströmt ist und sich nach der Ejakulation wieder im Körper verteilt. Das wirkt auf den Mann wie eine Schlafpille und macht schlapp. Das vegetative Nervensystem, das die Lebensfunktionen wie Herzschlag oder Atmung steuert, ist in zwei Hauptprogramme unterteilt: den Sympathikus, der einen Zustand von Wachsamkeit und Aktivität erzeugt, und den Parasympathikus, der in Richtung Schläfrigkeit und Erholung wirkt. Die Erektion wird durch den Sympathikus gesteuert, der darauf erfolgende Samenerguss durch den Parasympathikus. Unmittelbar vor dem Samenerguss wird also im Hirn der Schalter von Wachheit auf Schläfrigkeit umgestellt, von Sympathikus auf Parasympathikus. Nur so kann der Samenerguss stattfinden, und deshalb wird der Mann plötzlich so schläfrig.

Nicht nachahmenswert ist eine Technik, die die Männchen der Fruchtfliegen anwenden, um das Nachspiel abzukürzen. Sie geben nach der Kopulation Ultraschalltöne von sich, die so grausig klingen, dass das Weibchen sich ganz schnell wieder verzieht.

Verliert ein Mann jedes Mal ein Stück Lebenskraft?

Die alten Meister legten dem Mann über Jahrtausende wärmstens den Coitus reservatus ans Herz, also den Geschlechtsverkehr ohne Samenabgang. Sie befürchteten, dass ein Mann mit jeder Ejakulation ein Stück Lebenskraft verlieren würde, weil Sperma Lebenssubstanz und jeder Verlust sinnlose Verschwendung mit bösen Folgen sei. Inzwischen weiß man aber, dass das nicht stimmt, dass die Lebenserwartung eines Mannes vielmehr mit der Zahl der Orgasmen im Laufe seines Lebens steigt.

Die alten Chinesen glaubten, die Ejakulation bringe zwar einen Augenblick der Lust, führe dann aber zur Erschlaffung des ganzen Körpers und zu schlimmen Schädigungen wie Ohrensausen, Ermüdung der Augen und Trockenheit der Kehle. Der Mann, der sich in Zurückhaltung übe, könne jedoch nur profitieren. Er verausgabe seine Kräfte nicht und befriedige doch die Frau. Seine Kraft würde gestärkt, was wachsende Vitalität und die Schärfung aller Sinnesorgane mit sich bringe. Die wundersame Verwandlung soll sich dadurch vollziehen, dass man aus der »Jadequelle« trinkt, was heißt, dass man in der Frau bleibt, während sie den Orgasmus bekommt, und sie erst danach verlässt, ohne den Samen von sich gegeben zu haben.

Schon in der Han-Dynastie (206 v. Chr. bis 221 n. Chr.) wollte man durch regelmäßigen Sex Unsterblichkeit erlangen. In einem der klugen Bücher, die damals geschrieben wurden, ist nachzulesen, dass ein Kaiser tatsächlich unsterblich geworden sei, nachdem er mit 1.200 Frauen sexuell verkehrt habe. Peng Tsu habe durch »den korrekten Weg, in jeder Nacht mit zehn bis 20 Mädchen Liebe zu machen«, ein sehr hohes Alter erreicht. Auch Südamerikareisende berichteten im 19. Jahrhundert von Indianerstämmen, deren Männer zwar einen ziemlich kleinen Penis, dafür aber ein umso größeres Stehvermögen hatten. Sie sollen eine Stellung ohne Probleme einen ganzen Nachmittag beibehalten haben. Der Trick dabei war allerdings, dass sie sich dabei nicht bewegten und deshalb der Geschlechtsverkehr für ihre Frauen wohl auch nicht besonders aufregend war. Aus dem alten China ist bekannt, dass ein Geschäftsmann sich durch den klugen Einsatz des Coitus reservatus stundenlang mit seiner Konkubine vereinigen und gleichzeitig seinen Geschäften nachgehen konnte, Papiere unterzeichnete oder Konferenzen abhielt. Nur gelegentlich musste er durch Stöße seine Erektion aufrechterhalten. Wie befriedigend seine Gespielinnen das Tun fanden, ist nicht überliefert.

Aus der Han-Zeit sind acht Werke bekannt, die sich der Liebeskunst widmen. Sie alle kommen zu demselben Schluss: »Die Kunst der sexuellen Beziehung zu den Frauen besteht darin, Herr seiner selbst zu bleiben, indem man nicht ejakuliert, damit das Sperma zum Gehirn zurückläuft und in es eindringt.«

Dabei galt der Geschlechtsverkehr an sich keineswegs als etwas Schädliches, Enthaltsamkeit dagegen umso mehr. Vernachlässigt ein junger Mann sein Liebesleben, werde er von Phantomen heimgesucht, die ihm im Traum in den verführerischsten Gestalten erscheinen. Lässt er sich mit ihnen ein, saugen sie ihm die Lebenskraft aus. Im Traum macht das Unbewusste seine Rechte geltend. Häufiger Verkehr wurde also empfohlen. Die Traktate lehrten, dass man mit mehreren Frauen in derselben Nacht Umgang pflegen solle. Eine taoistische Weisheit betont dabei den Aspekt der Gesundheit: »Diejenigen, die imstande sind, jeden Tag sehr häufig den Geschlechtsverkehr zu vollziehen, ohne den Samen zu ergießen, werden dadurch alle ihre Krankheiten heilen und enorm alt werden. Wenn der Beischlaf mit einer Anzahl verschiedener Frauen vorgenommen wird, so wird der Erfolg größer sein. Am besten ist es, zehn und mehr Frauen in einer einzigen Nacht zu lieben.« Ein Mann war verpflichtet, viele Frauen sexuell zu befriedigen, ohne sich selbst in einen Zustand der Erschöpfung zu bringen. Deshalb mussten die Männer eine große Zahl erotischer Techniken erlernen.

Die moderne Wissenschaft hat die Beischlafmethode des Coitus reservatus verworfen. Zwar ist erwiesenermaßen bei Stubenfliegen Enthaltsamkeit das beste Rezept für ein langes Leben. Bei denjenigen Männchen der winzigen Insekten, die permanent Weibchen umwerben, verkürzt sich die ohnehin knapp bemessene Lebensspanne von etwa einem Monat um eine Woche. Forscher erklären das damit, dass sexuell aktive Fliegen mehr Energie verbrauchen als Zölibat-Fliegen, die einfach nur herumsitzen und nichts tun.

Beim Menschen dagegen wird eine ausbleibende oder auch retrograde Ejakulation von Medizinern als Fehlfunktion betrachtet, weil der Samen den Penis nicht verlässt, sondern in die Blase läuft und später einfach mit dem Urin ausgeschieden wird. Was bedeutet, dass ein Samenverlust beim Coitus reservatus nicht verhindert, sondern nur verzögert wird, wir brauchen also keine Angst zu haben, jedes Mal etwas älter zu werden.

Die moderne Wissenschaft hat sogar bewiesen, dass ein regelmäßiger Orgasmus das Leben verlängert. Die höchste Lebenserwartung haben nach Forschungen der Belfast University Männer mit mindestens zwei Höhepunkten pro Woche. Zum Beweis hat Professor Dr. G.D. Smith fast 1.000 englische Männer nach ihren Sexualgewohnheiten befragt und sie dann in drei Gruppen unterteilt: In die Gruppe »niedrige Orgasmusfrequenz« fielen Männer, die es weniger als einmal im Monat taten, zur Gruppe »hohe Orgasmusfrequenz« rechnete man diejenigen, die zweimal wöchentlich oder häufiger der Lust frönten. Die übrigen fielen in die Kategorie dazwischen. Während der Nachbeobachtungszeit von zehn Jahren starben 150 der Studienteilnehmer, wobei das Mortalitätsrisiko der sexuell Aktiven nur halb so hoch war wie das der Sexmuffel.

Dabei beobachtete man eine Dosis-Wirkung-Beziehung, das heißt, je mehr Sex, desto geringer das Risiko, dem Sensenmann zu begegnen. Bei Männern, die weniger als einmal im Monat Sex hatten, lag die Sterblichkeit doppelt so hoch wie bei jenen mit mindestens zwei Orgasmen pro Woche.

Zu dem gleichen Ergebnis kam Prof. Shah Ebrahim von der Universität im englischen Bristol. Der als *Caerphilly-Studie* bekannt gewordenen Untersuchung lag sogar eine Stichprobenzahl von 2.400 Männern aus der walisischen Stadt Caerphilly zugrunde. Das Ergebnis auch hier: Ein regelmäßiger Orgasmus ist zumindest ebenso gesund für Herz und Kreislauf wie Squash oder Langstrecken laufen.

OB MÄNNER IN DEN LETZTEN 20 JAHREN UNFRUCHTBARER GEWORDEN SIND, WARUM ES IMMER ANDERS KOMMT UND WANN SPERMA BESONDERS FIT IST

Sind Männer in den letzten 20 Jahren unfruchtbarer geworden?

Wenn man nach den Presseberichten der letzten Jahre geht, müsste der Mann in ungefähr 70 bis 80 Jahren endgültig überflüssig sein. Sein Sperma soll nämlich weltweit in einer tiefen Krise stecken, an der unter anderem Umweltgifte und schlechte Ernährung die Schuld tragen.

Unisono berichten die Medien, dass die Zeugungsfähigkeit des Mannes in den letzten Jahren rapide gesunken sei. Die schlimmsten Prognosen gehen von einem Schwund bis zu 50 Prozent aus, was einer Hochrechnung zufolge dazu führen würde, dass Männer in naher Zukunft nicht mehr Manns genug sein würden, ihre Pflichten als Kindererzeuger zu erfüllen. Das stimmt zwar alles nicht, dennoch ist es schon so weit gekommen, dass gehässige Redakteurinnen von Frauenzeitschriften in regelmäßigen Abständen Weltkarten veröffentlichen, auf denen die Gegenden, wo das Sperma angeblich noch nicht schlappgemacht hat, rot markiert sind. Meistens wird den Leserinnen dazu noch eine günstige Pauschalreise in diese Hochburgen der Potenz offeriert.

Ausgelöst hat das ganze Drama der dänische Medizinprofessor Niels Skakkebaek, der Anfang der neunziger Jahre weltweit die einschlägigen Archive auf der Suche nach Samenproben aus den letzten 50 Jahren beziehungsweise Daten darüber durchwühlt hat. Hintergrund seiner Bemühungen war der Umstand, dass die Samenbanken Dänemarks seit Jahren Schwierigkeiten hatten, geeignetes Spendermaterial zu rekrutieren. Die Ergebnisse seiner Nachforschungen waren alarmierend und führten weltweit zu einem Aufschrei der Presse: Laut Skakkebaek enthielt ein Milliliter Ejakulat im Jahre 1940 noch rekordverdächtige 113 Millionen Samenzellen, während es 1990 nur noch 66 Millionen waren. Was, wenn das so weiterginge, die männliche Zeugungsfähigkeit in wenigen Jahrzehnten gegen null drücken würde. Die Ergebnisse seiner Forschungen präsentierte Skakkebaek der staunenden Fachwelt im September 1992 im renommierten *British Medical Journal*.

Der dänische Abwärtstrend wurde weltweit bestätigt, wenn auch mit deutlich unterschiedlichen Ergebnissen. So sollen etwa Schotten, die nach 1970 geboren sind, ein Viertel weniger Spermien unter dem Kilt mitführen als ihre Väter und Großväter. Ein ähnliches Bild in Deutschland: Der World Wide Fund for Nature rechnete vor, die Spermienzahl sei in den letzten 40 Jahren um bis zu 70 Prozent gesunken, und berief sich dabei auf vier Studien an einheimischen Universitätskliniken.

Dass Mediziner in den letzten Jahren einiges an Ansehen verloren haben, ist bekannt. Professor Skakkebaek hat wohl seinen Teil dazu beigetragen, denn er hat schlampig geforscht. Der Grund für die miserablen Zahlen liegt nämlich, wie inzwischen feststeht, nicht darin, dass Männer schlechte Zahlen in die Reagenzgläser bringen, wie er vorschnell vermeldet hatte, sondern dass die Zählweisen der Spermatologen in den letzten Jahrzehnten besser geworden sind.

Als Erster gab der New Yorker Professor Harry Fisch Entwarnung. Er hatte Samenproben von Männern aus Los Angeles, Minnesota und New York gesammelt und war für die drei Städte auf durchschnittliche Werte von 131, 101 und 73 Millionen Spermien pro Milliliter gekommen. Weit bessere Werte, als sie Skakkebaek zugestanden hatte. Sein Kollege Alvin Paulsen von der Washington University hatte in Seattle von 1972 bis 1993 sogar einen Anstieg der Spermienzahl um zehn Prozent registriert.

Eberhard Nieschlag von der Universität Münster erklärt den scheinbaren Rückgang durch die schlechte Qualität der angeführten Daten. Früher seien die Samenzellen unter dem

Mikroskop gezählt worden, heute erledige das ein Computer. Was natürlich zu sehr viel genaueren Ergebnissen führe, als wenn das menschliche Auge durch das Mikroskop schaue, wie es noch in den vierziger und fünfziger Jahren üblich gewesen sei. Zudem stammten die Messwerte von Untersuchungen, die Männer wegen des Verdachts auf mangelnde Fruchtbarkeit durchführen ließen. Dies sei aber keine repräsentative Auswahl, räumten selbst die Studienverfasser ein. Der Abwärtstrend könnte nämlich auch damit zu tun haben, dass der medizinische Fortschritt mehr Problemfälle in die Klinik locke. Nicht die Samenqualität lasse nach, die Ärzte würden immer besser. In den Unikliniken, auf deren Daten die meisten Studien beruhen, würden deshalb nur noch fast aussichtslose Fälle landen.

Dann gibt es große Unterschiede je nach Region: Finnen haben im Durchschnitt eine erheblich höhere Spermiendichte als Engländer oder Italiener. Auch die Anzahl der Tage sexueller Enthaltsamkeit, die Jahreszeiten und der bevorzugte Unterhosentyp wirken sich auf die Spermiendichte aus. Liebhaber von legeren Boxershorts haben mehr Munition im Schritt als die Träger von hodenquetschenden Minislips. Zudem zählen die verschiedenen Untersuchungslabors höchst unterschiedlich. Die Universität Münster verschickte Proben an verschiedene Labors, wobei es zu Abweichungen von bis zu 70 Prozent kam.

Und auch für die arg gebeutelten New Yorker gibt es inzwischen wieder Hoffnung, wie die *Medical Tribune* berichtet. Eine neue Zählung stellte fest, dass sich die Qualität des Spermas in den letzten 50 Jahren nicht verändert hat. Die Ergebnisse waren nicht schlechter als die einer Erhebung von 1950.

Wozu jedes Mal 600 Millionen?

Mit einer einzigen Ejakulation könnte ein Mann locker die Bevölkerungszahl der Vereinigten Staaten verdoppeln. Vorausgesetzt, irgendjemand würde das wollen, es wäre kein neuer George Bush dabei und man fände einen Weg, dieses Vorhaben auch logistisch zu bewerkstelligen. Aber auch wenn diese enorme Menge auf den ersten Blick wie Verschwendung oder Angeberei aussieht, sie hat ihre Gründe und ist nichts anderes als eine vorbeugende Maßnahme gegen eventuelle weibliche Untreue.

Bekanntlich gehen bei jedem mit dem gewünschten Ergebnis abgeschlossenen Geschlechtsverkehr zwischen 200 und 600 Millionen Spermien auf die Wanderschaft zum Ei. Weshalb in lockeren Frauengesprächsrunden an dieser Stelle immer gern ein alter Kalauer zum Besten gegeben wird, nämlich die Behauptung, »damit keines anhalten und nach dem Weg fragen muss«. Was aber falsch ist und längst widerlegt wurde, denn das Sperma kennt den Weg. In einem eindrucksvollen Experiment über das Abbiegeverhalten von Spermien im weiblichen Körper hat der Schweizer Neurobiologe Peter Brugger von der Universität Zürich entdeckt, dass Samenzellen sich auf ihrem Weg zum Ei äußerst intelligent verhalten. Brugger zwängte probeweise 714 Samenzellen in einen T-förmigen Tunnel. An der Gabelung mussten sich die Spermien entscheiden: Jetzt nach rechts oder nach links? Ergebnis: Bog die eine Hälfte an der Kreuzung rechts ab, machte die andere Hälfte die Biege nach links.

Die interessantesten Beiträge zur Samenforschung hat in den letzten Jahren der britische Biologe Robin Baker beigesteuert, von dem die folgenden Erkenntnisse stammen. Bekannt ist schon lange, dass es von dem großen Heer, das jedes Mal in Marsch gesetzt wird, nur einer besonders vitalen Elitetruppe von durchschnittlich 200 tapferen Haudegen gelingt, in einem mörderischen Wettlauf bis zum Ziel aller Wünsche, der weiblichen Eizelle, vorzudringen. Das verführt zu der Annahme, nur die Besten kämen durch und die Übrigen seien Schlappschwänze. Stimmt aber nicht, denn unter Spermien herrscht Arbeitsteilung. Jedes hat einen anderen Job, und an dem Wettschwimmen zum Ei beteiligt sich nur eine kleine Auswahlmannschaft von Elite-Kriegern.

Der Rest des Teams ist dagegen mit diversen Verteidigungsaufgaben beschäftigt. Die Order für die Nachhut besteht darin, den Frontkämpfern den Rücken freizuhalten und zu verhindern, dass sich unerlaubt Sperma von fremden Männern in den Körper der Frau einschleicht. Vier Prozent der Kinder weltweit sollen aus solch einem Spermienkrieg als Sieger hervorgegangen sein, weil sich jedes Mal, wenn eine Frau mit mehr als einem Mann schläft, folglich deren Samen um das Ei prügeln müssen.

Bei seinen Forschungen wunderte Baker sich darüber, dass bei allen untersuchten Männern das Ejakulat eine hohe Zahl anscheinend missgestalteter Samenzellen enthält. Sie entsprechen weder der Norm, noch taugen sie zur Befruchtung, sind also scheinbar nutzlos. Baker stellte fest, dass diese vermeintlichen Missgeburten die Aufgabe haben, fremden Samen abzuschirmen, falls die Frau auch noch mit einem zweiten Mann schläft.

Dazu legen die Spermien ihre Köpfe aneinander und verhaken die Schwänze zu einer Barriere, die einem Gitter gleicht. Wer neu ankommt, wird erst einmal kontrolliert. Kann er nicht den richtigen Passierschein vorzeigen, wird er umzingelt und einen oder zwei Köpfe kürzer gemacht. Ein ausgeklügeltes biologisches Verteidigungssystem, das an die Steinzeit erinnert, sich aber in ein paar tausend Jahren Kulturgeschichte kaum großartig verändert haben dürfte.

Wer das für Humbug hält, den überzeugt vielleicht ein Blick ins Tierreich. Dort werden von eifersüchtigen Männchen die miesesten Tricks angewandt. Erdhörnchen zum Beispiel verschließen die Weibchen mit einem »Begattungspfropfen«, damit andere Männchen nicht nachträglich in das eigene Werk hineinpfuschen, einer silikonartigen Masse, mit der man ohne weiteres Wasserhähne abdichten könnte. Ratten machen dasselbe, haben aber schlauerweise einen Penis entwickelt, der wie ein Korkenzieher wirkt. Mit ihm können sie den Pfropfen wieder herausziehen. Die Apollofalter, eine Schmetterlingsart, gehen dagegen ganz auf Nummer Sicher und zementieren sich bis zur Eiablage am Weibchen fest. Bestimmte Fliegenarten wiederum räumen mit ihrem Penis erst einmal das Sperma des Vorgängers aus dem Weg, bevor sie selbst zur Tat schreiten.

Die Taktik der Salamander ist eine andere: Sie haben kein gutes Wahrnehmungsvermögen, was von ihren Rivalen schamlos ausgenutzt wird. Diese tanzen vor dem Kurzsichtigen herum und tun dabei so, als wären sie ein Weibchen. Was den Betörten so aufreizt, dass er einen Samenballen ablegt, den er sich eigentlich für ein Weibchen aufgespart hatte. Und während der Gefoppte glücklich aber geschwächt in der Sonne liegt, macht sich der Betrüger an seine Frau ran. Bei den Strumpfbandnattern wiederum verströmen einige Männchen einen femininen Duft und bringen mit ihrem Parfüm die anderen Männchen völlig in Verwirrung. Bevor sie begriffen haben, was da gespielt wird, liegt der Transvestit schon eng umschlungen mit dem Weibchen hinter dem Felsen.

Warum kommt es immer anders?

Diese Frage lässt sich ziemlich einfach beantworten. Die Menge an Ejakulat hat nichts mit der sexuellen Lust zu tun.

Oft wird zwar das Gegenteil behauptet, aber Männer sind praktische Wesen, und beim Sex wird immer nur so viel Sperma abgegeben, wie zur Erfüllung der Aufgabe gerade benötigt wird. Nicht mehr, aber auch nicht weniger. Die erforderliche Menge wiederum fällt von Beischlaf zu Beischlaf und Partnerin zu Partnerin anders aus. Der Samenbedarf hängt zum Beispiel davon ab, ob ein Mann gerade auf einer mehrtägigen Dienstreise war, wann er seinen letzten Geschlechtsverkehr hatte, ob der mit der festen oder einer Gelegenheitspartnerin erfolgte oder wie sehr er an der Treue seiner Frau zweifelt.

Samenpionier Robin Baker hat dazu spektakuläre Untersuchungen durchgeführt und bewiesen, dass das Gehirn eines Mannes unbewusst aus dem Verhalten einer Frau schließt, wann sie in ihrer fruchtbaren Phase ist. Was nicht nur praktisch ist, sondern auch praktische Folgen hat. Der Körper stellt nämlich kurz vor dem Orgasmus unbewusst ein paar höhere mathematische Berechnungen an und schüttet nur so viele Geschlechtszellen aus, wie gerade benötigt werden. Wie er das macht, weiß zwar niemand, aber es funktioniert.

Sogar Uferschwalben können rechnen, wie in einem ziemlich makabren Versuch bewiesen wurde. Um die Spermienkonkurrenz bei diesen Vögeln zu untersuchen, wurden Männchen tote Artgenossinnen als Objekte sexueller Begierde präsentiert. Dummerweise fielen die Männchen auf den Trick herein und gaben ihre Körpersäfte freudig ab. Dabei wurde mit dem Sperma gezielt umgegangen. Sobald die Schwalbenmännchen allein mit der toten Dame ihres Herzens waren, zeigten sie sich eher knauserig. Tauchte jedoch ein Konkurrent auf, ejakulierten sie weitaus freigebiger.

Der tiefere Sinn dieser Rechenstunde ist der Versuch, im Körper der Partnerin ein gleich bleibend hohes Niveau an Samenzellen zu deponieren. Wenn irgendwann ein Ei vorbeikommt, soll immer genügend frische Ware zur Verfügung stehen, um die günstige Gelegenheit zur Befruchtung nicht zu verpassen. Es wird ein Samenlager in der Frau angelegt, das, wie Baker ausgerechnet hat, leer ist, wenn seit dem letzten Geschlechtsverkehr mehr als eine Woche vergangen ist. Wenn ein Mann dann das nächste Mal mit seiner Partnerin schläft, schickt er deshalb vorsichtshalber eine größere Ladung von 400 Millionen Spermien ins Depot, um es wieder bis unters Dach zu füllen. Beträgt der zeitliche Abstand nur drei Tage, werden lediglich etwa 200 Millionen Spermien ejakuliert. Beträgt er dagegen drei Stunden, werden etwa 30 Millionen ins Rennen geschickt und bei einem Abstand von nur einigen Minuten gar keine. Die Lager sind voll, und es macht keinen Sinn, sich noch länger abzuplagen.

Äußerst geschickt ist, was passiert, wenn ein Mann von seiner Ehefrau oder Geliebten getrennt ist. Dann gilt die Faustregel: Je länger außer Haus, desto mehr Sperma. Je weniger Zeit ein Mann mit seiner Partnerin verbringt, desto größer ist ergo die Wahrscheinlichkeit, dass sie untreu wird. Schon eine zweitägige Abwesenheit, das ist experimentell nachgewiesen, sorgt dafür, dass ein Mann mehr produziert, als wenn er zu Hause gewesen wäre. Wenn zwei Ehemänner gleichzeitig mit ihrer Frau schlafen und beide genau zwei Tage bis zum nächsten Beischlaf warten, dann wird derjenige, der in der Nähe seiner Frau geblieben ist, ein kleineres Ejakulat bilden als derjenige, der in dieser Zeit verreist war. Bis zu drei Mal so viel Sperma bringt der heimkehrende Ehemann zurück. Als man die Anzahl der Samenzellen im Ejakulat von Männern untersuchte, zeigte sich, dass sie umso höher ausfiel, je stärker die Männer an der Treue ihrer Ehefrauen zweifelten.

Welchen Einfluss hat die Ernährung auf den Geschmack?

Man ist, was man isst, was in besonderem Maße für den Lendensaft gilt. Die berühmte amerikanische Sexualtherapeutin Barbara De Angelis schreibt in ihrem Buch mit dem viel versprechenden Titel *Männer. Was jede Frau wissen sollte*, dass der Samen bitter wird bei Männern, die viel Kaffee trinken, von Alkohol ganz zu schweigen. Männer, die viel Fleisch essen, haben dagegen einen säuerlichen Samen, da er von Abbauprodukten der im Fleisch reichlich enthaltenen tierischen Eiweiße geschmacklich geprägt ist. Ganz toll soll dagegen Ananassaft wirken, weil der den Samen versüßt, weshalb Ananassaft von De Angelis ausdrücklich als Nahrungsergänzung für den Mann empfohlen wird.

Ihre Hamburger Kollegin Angelina Borgaes kam bei ihren Studien zu ähnlichen Ergebnissen. Sie bat rund 50 Frauen zum Geschmackstest. Gekostet wurde das Sperma des Partners (die Teilnehmer der Studie waren zwischen 20 und 40 Jahre alt, lebten mindestens ein Jahr in der Beziehung und praktizierten regelmäßig Oralverkehr). Anschließend wurden Noten verteilt über das, was man genossen hatte. Ergebnis: Obst soll den Geschmack verfeinern, während dunkles Fleisch, Käse und Milch, Knoblauch und Zwiebeln der Körperflüssigkeit eine eher strenge Note verleihen. Als regelrechte Geschmacksverderber wurden Kaffee, viel Alkohol, Zigaretten und Medikamente ausgemacht. Die Ergebnisse im Einzelnen:

Einflussfaktoren	**Geschmacksurteil**
Natur pur	salzig, milchig, nussig
Knoblauch	säuerlich, faulig, muffig
Aspirin (fünf Stück)	herb, fies, mistig, bitter
1,5 Liter Ananassaft	süßlich, lieblich
fünf Biere	schal, fade, abgestanden, wie Abwaschwasser

Wann ist Sperma besonders fit?

Selbst bei einer immer zu empfehlenden gesunden Lebensweise ist der Körpersaft eines Mannes einem Zyklus unterworfen. Dabei kommt es zu täglichen – die Topform wird pünktlich zur Teestunde am Nachmittag erreicht –, monatlichen und jahreszeitlichen Schwankungen in der Fitnesskurve.

Bemerkenswerte Theorien über die winzigen, nur 0,06 Millimeter langen Geschlechtszellen brachten schon vor mehr als 2.000 Jahren die alten Griechen um den Schlaf. Sie fragten sich, wo die merkwürdigen Geschöpfe denn herkämen und wozu sie gut seien. Für Hippokrates war das Sperma selbstredend der wichtigste aller Körpersäfte, während Aristoteles der Meinung war, Sperma sei ein Extrakt aus der Nahrung: je wohlschmeckender das Essen, desto besser auch die Qualität. Dies war wahrscheinlich als Anreiz für sein Eheweib, die Berufsnörglerin Xanthippe, gedacht, dem Philosophen jeden Tag etwas Gutes auf den Tisch zu bringen, was ihr, nach Auskunft ihres Gatten, meistens nicht gelungen sein soll. Aristoteles' Landsmann Pythagoras beschrieb den Samen als einen mehligen Extrakt des Blutes, und der berühmte Platon wiederum war der felsenfesten Überzeugung, er könne nur ein Bestandteil des Rückenmarks sein. Weshalb ein zu hoher Schwund nach seiner Meinung auch zu bösen Folgen bis hin zu Schwachsinn führte.

Heute ist man natürlich schlauer und weiß, dass das alles nicht stimmt, hat aber auch die traurige Entdeckung gemacht, dass nicht nur Frauen, sondern auch Männer ihre Tage haben. Sperma ist nämlich nicht gleich Sperma, und die Qualität ist jährlichen und sogar täglichen Schwankungen unterworfen. Spanische Wissenschaftler haben in den letzten 30 Jahren mehr als 10.000 Samenproben von Männern im Mittelmeerraum eingesammelt und sich diese dann gewissenhaft unter dem Mikroskop angeschaut. Gefesselt hat den Forschergeist vor allem die Frage nach der Zahl der Samenzellen und wann sie besonders fit sind. Heraus kam, dass die Spermienzahl im Frühjahr, so ungefähr ab März, ansteigt, und im Herbst dann wieder in den Keller geht.

Von italienischen Fortpflanzungsmedizinern wurde auch die Tageszeit ermittelt, in der ein Spermium zu seiner Topform aufläuft. Am Nachmittag, zwischen 17.00 und 17.30 Uhr. Was dadurch zweifelsfrei belegt wurde, dass Männer im Dienste der Wissenschaft masturbierten. Zweimal am Tag mussten die Freiwilligen ran, früh morgens zwischen 7:00 und 7:30 Uhr und spät nachmittags zwischen 17:00 und 17:30 Uhr. Ergebnis: Die Nachmittagsejakulate waren eindeutig besser und enthielten eine signifikant höhere Zahl an Spermien, die dazu auch noch eine größere Mobilität aufwiesen, was wichtig ist, damit sie schneller dort ankommen, wo sie hinsollen. Diese Unterschiede sind auf tageszeitliche Schwankungen von Hormonen, Nährstoffen und anderen Substanzen zurückzuführen, schreibt die Zeitschrift *Human Reproduction.*

Die Zahlen schwanken zwar, doch Neurobiologen haben berechnet, dass sich je nach Tagesform bei jeder Ejakulation zwischen 200 und 600 Millionen Samenfäden mit einer Geschwindigkeit von 17 Kilometern pro Stunde (bei Austritt) auf den Weg machen. Für die zwölf Zentimeter lange Wegstrecke zum Ei braucht ein Spermium bei einer Reisegeschwindigkeit von drei bis vier Millimetern pro Minute etwa sechs Stunden, wofür etwa 800 Schwanzschläge pro Minute veranschlagt werden.

Das Ejakulatsvolumen liegt bei zwei bis sechs Millilitern, der Spermienanteil am Ejakulat bei ungefähr drei bis fünf Prozent. Minimal 20 Millionen Spermien sind laut WHO für eine erfolgreiche Befruchtung unbedingte Voraussetzung. Die Reifedauer in den Hoden beträgt 75 bis 85 Tage, ein Spermium kann in den Nebenhoden rund 30 Tage überleben, an der Luft vier bis 24 Stunden, im Körper der Frau bis zu fünf Tage. Das Ejakulat besteht hauptsächlich aus Fruchtzucker, hat einen pH-Wert von 5,5 bis 8,5 und einen geschätzten Nährwert von fünf Kalorien.

Wirklich beeindruckend ist das, was die Fruchtfliegen der Gattung Drosophila zustande bringen. Sie besitzen die weltgrößten Spermien, gegen die ein menschliches Spermium nur ein Winzling ist. Ihre Riesenspermien sind mit 17 Millimetern sechs Mal so lang wie die Fliege selbst. Hier ein Vergleich, der uns diese beeindruckende Leistung entsprechend würdigen lässt: Beim Mann müsste ein Spermium über zwölf Meter lang sein, um dem etwas entgegenzusetzen. Beinahe schon außerirdisch ist das, was ein Einsiedlerkrebs zustande bringt. Seine Samenzelle sieht aus wie ein eistütenförmiges UFO mit krakeligen Landebeinen. Wenn das Spermium die Eizelle berührt, explodiert es und treibt so seinen genetischen Inhalt in die Eizelle zur Befruchtung.

Auch der Breitengrad, auf dem ein Mann lebt, spielt eine wichtige Rolle für die Güte seines Spermas. Vereinfacht kann man sagen, je schlechter das Klima, desto besser das Sperma. Hitze beeinträchtigt nämlich die Produktion in den Hoden enorm, weshalb im kalten Finnland erstklassiges Qualitätssperma produziert wird, während die Italiener nur mittelmäßige Ware in ihren Hoden spazieren führen.

Auch Kenntnisse über den Wohnort sind wichtig, um nähere Angaben über die Qualität der Hodenware machen zu können. Landmänner sind nämlich durch die gute Luft und das gesunde Leben auf dem Dorf im Allgemeinen, was die Samenqualität angeht, sehr viel robuster als Städter. Englische Samenspender können davon ein Lied singen, denn in London werden 70 Prozent der Bewerbungen als Samenspender abgelehnt, weil das, was sie da spenden wollen, nicht den Ansprüchen genügt. Dagegen fallen aber nur 40 Prozent der Männer aus ländlichen Gegenden durch.

Kann Sperma knapp werden?

Der Lendensaft kann weder kurzfristig durch zu häufigen Geschlechtsverkehr knapp werden noch langfristig dadurch, dass die körpereigenen Ressourcen irgendwann erschöpft sind, was oft befürchtet wird, aber vollkommen aus der Luft gegriffen ist.

Die Samenfabrik in den Hoden ist darauf ausgelegt, immer dann frisches Qualitätssperma zur Verfügung zu stellen, wenn es gebraucht wird. Die Spermien werden im Inneren der Hoden produziert, von dort aus gelangen sie zu den Nebenhoden, wo sie zur vollen Reife erblühen. Was ungefähr 75 bis 85 Tage dauert, bei einer Tagesleistung von bis zu 100 Millionen Stück oder 1.000 Exemplaren pro Sekunde aber kein größeres Problem aufwirft. Deshalb kann auch in Zeiten häufigen Geschlechtsverkehrs Sperma höchstens aufgrund von Konditionsschwächen knapp werden. Egal, wie verschwenderisch man mit dem edlen Tröpfchen umgeht, es wird nicht versiegen. Unter normalen Umständen werden die Hoden ein Leben lang Spermien produzieren und die Drüsen beständig für Samenflüssigkeit sorgen.

Dauert eine Liebessitzung länger, nimmt die Samenmenge bei jedem Orgasmus ab, bis er irgendwann so gut wie trocken verläuft. Dieser Zustand dauert aber nicht lange an, da die Samenproduktion im Körper nicht stillsteht. Im Rahmen einer Untersuchung wurde die Probe aufs Exempel gemacht. Studenten mussten unter ärztlicher Anleitung zwei Tage lang alle acht Stunden masturbieren. Über das, was dabei herauskam, wurde gewissenhaft Buch geführt, und es zeigte sich, dass mit jeder Ejakulation das durchschnittliche Volumen um etwa 50 Prozent abnahm, bis es dann nach zwei Tagen nur noch wenig üppig und tröpfchenweise kam, was sich bei gesunder und enthaltsamer Lebensführung aber schnell wieder gelegt hat. Es dauerte ungefähr drei Tage, bis sich bei allen Versuchspersonen die Werte normalisiert hatten und sie wieder mühelos einen vollen Teelöffel schafften.

Eine Qualitätssteigerung dadurch zu erreichen, dass man vor der nächsten Samenprobe ganz lange enthaltsam bleibt, funktioniert nicht. Bis zu einem gewissen Punkt steigert sich bei Abstinenz die Menge der Samenflüssigkeit, doch irgendwann ist Schluss. Nach längeren sexuellen Durststrecken beginnen die Spermien sich von selbst wieder aufzulösen und werden vom Körper resorbiert. Die älteren Modelle werden weggeräumt, weil der Körper stets schon von allein für Nachschub sorgt.

Bei der Gelegenheit soll auch gleich noch mit einem anderen Vorurteil aufgeräumt werden, und zwar mit der Befürchtung, dass der Lendensaft irgendwann ganz versiegt. Wobei die Mutmaßungen über die Zahl der möglichen Ejakulationen, die ein Mann in einem Leben haben kann, im Laufe der Jahrhunderte erheblichen Schwankungen unterlagen. Der heilige Thomas von Aquin gönnte dem Mann genau 3.743 Mal, weil das die Zahl des Universums war. Der Philosoph Gottfried Wilhelm Leibniz kam beim Mitzählen auf 7.500, ohne der staunenden Nachwelt jedoch zu berichten, wie er diese Erhebung vorgenommen hatte. Viele spätere Mathematiker waren der festen Überzeugung, bei der gesuchten Größe könne es sich nur um eine Primzahl handeln, und errechneten 7.917 mögliche Orgasmen. Taoisten glauben noch heute, dass ein Mann mit jeder

Ejakulation ein Stück Lebenskraft verliert, was ja gleichbedeutend mit dem Ende der Lende wäre. Erst der Theologe, Schriftsteller und Biologe David Strauß wagte im 19. Jahrhundert zu behaupten, dass es kein natürliches Ende der Zeugungskraft gebe, was ihm umgehend einen Bannfluch vom Papst einbrachte.

Wenn Männer aber irgendetwas zu verschwenden haben, dann ihren Samen. Jeder Urologe wird bestätigen, dass ein Mann, solange er gesund und munter ist, von der Pubertät bis zum Lebensende munter Sperma produzieren kann, es also kein natürliches Ende der Lende gibt.

Was ist am Samenstau dran?

Nichts, obwohl man noch heute in einschlägigen Online-Lexika wie *Liebeslexikon.de* unter dem Stichwort »Onanieren« Erläuterungen wie die Folgende entdecken kann: »Das männliche Gegenstück zur weiblichen Masturbation. Auch hier handelt es sich um Selbstbefriedigung, jedoch haben es Männer im Gegensatz zu den meisten Frauen nötiger, da es sonst bei ihnen zum ›Samenstau‹ kommt. Deswegen stimulieren Männer ihren Penis mit der Hand durch rhythmische Auf- und Abbewegungen so lange, bis es zur Ejakulation kommt.«

So etwas wie einen Samenstau gibt es aber nicht, und Männer müssen auch nicht aus biologischen Gründen öfter mal onanieren, weil die nicht entsorgte Körperflüssigkeit sonst zu irgendwelchen Schäden führen würde.

Nach der Samenstautheorie funktioniert der männliche Körper wie eine Art Dampfkessel: Es bauen sich ständig sexuelle Reize auf, die dann mit Macht auf Abfuhr drängen. Diese Vorstellung der Sexualität als Entleerungstrieb vertrat gegen Ende des 19. Jahrhunderts etwa der französische Arzt Féré, der meinte, dass sexuelles Verlangen durch den Druck des Samens und anderer Sexualsekrete in Hoden und Prostata entstehe. Das Entleeren dieser Flüssigkeiten befriedige dann das sexuelle Verlangen. Diese Ausscheidungstheorie war sehr verbreitet und ist sehr alt: In einigen Gebieten Frankreichs wurden zum Beispiel Bordelle »Cloaque« genannt, und mittelalterliche Philosophen nannten die Frau »einen Tempel, der über einer Kloake erbaut ist«.

Auch im so genannten »Hydraulikmodell« von Sigmund Freud nimmt der Samenstau eine zentrale Rolle ein. Nicht rechtzeitig entladenes Sperma würde zu einem Überdruck führen, den der Volksmund noch bildhafter zum Samenstau umfunktionierte, wo der nicht fachmännisch entsorgte Saft im Körper keinen Platz mehr hat und im Extremfall quasi zu den Ohren herausläuft.

Tatsächlich ist das Schlimmste, was bei längerer Enthaltsamkeit passieren kann, dass die nicht fachgerecht entsorgte Ladung einfach vom Körper ausgeschieden wird. Die Samenzellen werden in den Hoden gebildet und von dort aus zur Zwischenlagerung in die Nebenhoden transportiert. Bei längeren sexuellen Durststrecken kommt es automatisch nachts zu Samenergüssen. Die Konzentration der Spermien steigt bis zum zehnten oder elften Tag nach der letzten Ejakulation an. Danach gelten die Spermien nach körpereigenen Kriterien als abgestanden und müssen Platz für Nachschub machen. Sie werden dann einfach mit dem Urin ausgeschieden.

WIE GROSS ER SEIN SOLLTE, WAS DIE GRÖSSE MIT DER LEISTUNGSFÄHIGKEIT UND DIE NASE DES MANNES MIT DEM JOHANNES ZU TUN HAT

Wie gross sollte er sein?

Als in den dreißiger Jahren Schaufensterpuppen aus Europa in die USA importiert wurden, hatten die Amerikaner genaue Vorstellungen darüber, was einen gut gebauten Mann auszeichnen muss. Um den Verkauf anzukurbeln, wählte man die Größenbezeichnungen der Puppen entsprechend der Größe der Genitalien. Reißenden Absatz fand vor allem das Modell »amerikanisch«, die De-luxe-Ausführung mit einem besonders eindrucksvollen Vorbau. Eher Ladenhüter waren die Modelle »klein« und »mittel«.

Die Frage nach dem idealen Maß hat aber eigentlich schon Anfang der siebziger Jahre David Reuben in seinem Bestseller *Alles, was man über Sex wissen muss* umfassend und mit den einfachen Worten beantwortet: groß genug, um die Vagina zu erforschen, und lang genug, um den Samen am dafür vorgesehenen Platz abzuliefern. Geglaubt hat es ihm aber, wie nicht anders zu erwarten, kein Mensch. Bis auf Woody Allen, der den Film zum Buch gedreht hat.

Laut *Focus* zweifeln trotzdem immer noch 54 Prozent aller Männer daran, dass ihr treuester Weggefährte Idealgestalt hat. Wobei aber, dies nur am Rande, die Prozentzahl der Frauen, die mit ihrem Busen nicht zufrieden sind, wohl eher noch darüber liegen dürfte.

Mit blankem Neid erfüllt die gesamte Affenverwandtschaft die Tatsache, dass unter den Primaten der Menschenmann (gemessen an seiner Körpergröße) den größten Phallus besitzt. Was aber immer noch kleine Fische sind, wenn man es mit dem vergleicht, was andere Herren im Tierreich ihren Damen an fortgeschrittener Penistechnik zu bieten haben. Bei vielen Tieren gehören nämlich Accessoires wie Noppen, Borsten, Häkchen und Vibratoren, die unsereins teuer im Sexshop erstehen müsste, zur Grundausstattung. Das fängt schon vor der Haustür an, wo Pferde und Esel am Penis einen überaus praktischen fingerähnlichen Fortsatz tragen, der das Weibchen währenddessen zusätzlich stimuliert. Bei den Katzen wird im wahrsten Sinne des Wortes gebürstelt, weil der Penis eines Katers mit Schuppen und Widerhaken versehen ist, die bei der Katze einen Eisprung auslösen. Wobei anscheinend die Mühe nicht von beiden Seiten gleichermaßen geschätzt wird, denn unmittelbar nach der Paarung verjagt die Katze ihren Liebhaber mit einer kräftigen Backpfeife.

Bei den Smaragdeidechsen sieht die Taktik anders aus. Sie wollen ganz auf Nummer Sicher gehen, dass auch alles zur vollsten Zufriedenheit erledigt wird, und verfügen deshalb gleich über zwei Penisse. Je nachdem, welcher sich gerade näher am Zielort befindet, kommt der linke oder der rechte zum Einsatz. Ein wahres Wunder an Ingenieurskunst ist der Penis des Spitzmausmännchens, der besonders Platz sparend konstruiert ist und in der Mitte ein Scharnier besitzt, um ihn nach Gebrauch wie ein Schweizer Taschenmesser wieder zusammenzuklappen.

Ganz raffiniert auch die Ausstattung der Tintenfische: Sie haben zwar keinen Penis, dafür aber einen Begattungsarm. Beim Papierboot, einer Tintenfischart, greift sich dieser Arm den Samen, löst sich vom Körper und schwimmt dann aus eigener Kraft zielstrebig durchs offene Meer, bis er unterwegs eine willige Dame trifft. Bei ihr angekommen, schlüpft er zu ihrer Geschlechtsöffnung, legt dort den Samen ab und geht selig zu Grunde, während der Tintenfisch sich längst wichtigeren Aufgaben widmen kann.

Bei den Fliegen gibt es ähnliche Vorstellungen wie beim Menschen, denn auch hier lautet das Schönheitsideal »je größer, desto besser«. Wobei die nervigen Stubenquälgeister es zu wahrer Meisterschaft gebracht haben, bei manchen Arten ist der Penis sogar länger als der Körper. Noch besser ist eine Schneckenart namens Ariolimax dolichophallus ausgestattet, die einen Penis von fünffacher Körperlänge ausfahren kann, wenn sich die Gelegenheit dazu ergibt und die Prostata mitspielt. Wenn man dieselben Größenverhältnisse beim Mann anlegen würde, käme man so ungefähr auf die imposanten Maße, die selbstbewusste Lastwagenfahrer als Potenznachweis auf ihren Autos kleben haben (»Achtung, meine Damen. Meiner ist ...«), nämlich an die zehn Meter.

Die Krone der Schöpfung sind aber zweifellos die Männchen der Tausendfüßler und der Kraken. Sie sind zwar nur durchschnittlich gut bestückt, haben aber ganz ausgeklügelte Techniken, um besonders lange zu können, und einen dazu passend ausgestatteten Penis. Der Tausendfüßler besitzt zusätzlich zu seinem Glied ein Ersatzteil in Form eines spermagefüllten Beintasters, mit dem er es nach der Kopulation einfach weitertreibt. Und Krakenmännchen lassen, wenn ihre Manneskraft erschöpft ist, einfach die Spitze ihres Genitals im Weibchen zurück, wo es dann selbsttätig weitermacht.

Der längste menschliche Penis aller Zeiten soll satte 49 Zentimeter gemessen haben. Diese beeindruckende Länge will der Arzt Robert Dickinson Anfang des 20. Jahrhunderts bei einem seiner Patienten festgestellt haben. Mithalten kann da auch ein Pornodarsteller namens

Long Dong Silver, der es auf 44 Zentimeter erigiert und 39 Zentimeter im entspannten Zustand bringt und als besonderes Kunststück in seinen Filmen immer wieder gerne den Penis-Knoten vorzeigt. Ähnlich stattliche Maße sollen auch seine Schauspielerkollegen John Holmes und Texas Longhorn vorweisen können, die ihre imposanten Organe ebenfalls gern in einschlägigen Filmen dem staunenden Fachpublikum vorführen. Der kleinste je gemessene Penis brachte es nur auf einen Zentimeter und hat es nicht auf die Leinwand geschafft, weil sein Besitzer aus verständlichen Gründen lieber anonym bleiben wollte.

Neben Länge, Umfang und Gewicht ist nach Auskunft einschlägiger Experten auch das Gesamterscheinungsbild wichtig. Als besonders formvollendet gilt der so genannte zylindrische Penis, dessen erigierter Umfang von der Eichel bis zum Ansatz ungefähr gleich groß ist. 32 Prozent der Männer sollen so ein Prachtexemplar besitzen. Jeder Vierte trägt dagegen die Kegelform, bei der die Basis an der Peniswurzel dicker ist als die Partie unterhalb der Eichel und ein wenig an den Eiffelturm erinnert. Bei den meisten, nämlich 36 Prozent, ist die Eichel dicker als der Schaft, was zu einer Flakon- beziehungsweise Schlegelform führt. Nahezu jeder Zweite soll einen geraden Penis haben, 28

Prozent zeigen nach links oder rechts, während 24 Prozent gebogen sind. Wobei eingefleischte Linksträger angeblich einen Linksdrall haben sollen und Rechtsträger, genau, einen Rechtsdrall.

Schlechte Nachrichten gibt es nur für die deutschen Männer. Pro Familia hat nämlich festgestellt, dass der deutsche Mann zwar immer größer, sein Willi aber immer kleiner wird. In genauen Zahlen ausgedrückt, schrumpfte er in den letzten sechs Jahren um 0,52 Zentimeter. Männer im Alter von 18 und 19 Jahren und eine Kontrollgruppe von 40- bis 68-Jährigen sind bei einem Essener Urologen zum Maßnehmen angetreten, da man der ansonsten üblichen Selbstvermessung nicht traute. Ergebnis: In erigiertem Zustand misst der durchschnittliche deutsche Penis auf den Zehntelmillimeter genau 14,48 Zentimeter, exakt 0,52 Zentimeter weniger als bei einer Erhebung sechs Jahre zuvor. Beim Durchmesser reichte das Spektrum von drei bis fünf Zentimeter an der Basis. Der Durchschnitt liegt bei 3,95 Zentimeter, das entspricht einem Umfang von 12,4 Zentimeter. Hintergrund der Volkszählung war eine europäische Verordnung zur Kondomgröße. Laut EU-Norm müssen Standard-Kondome 17 Zentimeter lang und bis zu 56 Millimeter breit sein. Zu groß für uns, wie jetzt feststeht.

Hat die Grösse etwas mit der Leistungsfähigkeit zu tun?

Bei Frauen hinterlässt ein großer Phallus keinen bleibenden Eindruck. Amerikanische Seelenforscher haben Frauen verschiedene erotische Bettszenen zum Schmökern gegeben und dabei gemessen, wie sich das Schriftgut auf ihre Psyche ausgewirkt hat. Als einziges Stilelement wurde die Penisgröße des Helden verändert, von mickrigen 7,5 auf gute 12,5 bis hin zu rekordverdächtigen 20 Zentimetern. Die literarische Schönheitsoperation konnte aber keine der Frauen in ihrem Urteil beeinflussen, ob der Mann ein besonders guter oder schlechter Liebhaber sei.

Anderen Frauen wurden Fotos von nackten Männern gezeigt. Auch hier wurde per Computertechnik im Schritt nachgeholfen, trotzdem konnte keiner der Männer mit einem großen Penis besonders punkten. Am besten schnitten mittlere Werte ab, die Kleinen gefielen wenig und die Großen landeten im Mittelfeld. Bedenklich waren die Reaktionen auf die Frage, ob die Frauen die Einladung zu einem Diskobesuch mit den jeweiligen Fotomodellen annehmen würden. Keine wollte mit den besser gebauten tanzen gehen.

Dass ein Penis in seinem erotischen Leben

so einiges zu leisten hat, ist bekannt. Weniger bekannt ist, was das *PM-Magazin* im Hinblick auf die männliche Ausstattung und Leistungskraft ausgerechnet hat. Danach kommt das europäische Durchschnittspaar im Laufe des Lebens auf ungefähr 4.450 Liebesakte, in denen die Vagina 1.335.000 Mal penetriert wird. Geht man dabei von einer Standardlänge von 15 Zentimetern aus, erlebt eine Frau während ihres Liebeslebens insgesamt 200 Kilometer Penis, was ungefähr der sechsfachen Länge des Ärmelkanals entspricht. Jeder zusätzliche Zentimeter entspräche also weiteren gut 13 Kilometern, die zu bewältigen wären. Da passt gut, was eine erschrockene Hamburger Hure in dem Film *St. Pauli Nacht* beim Anblick von Armin Rohdes stolzer Mannespracht ausgestoßen hat: »Mit dem Knüppel kommst du mir nicht rein.«

Es heißt ja unter aufgeklärten Menschen immer wieder, dass Frauen so lange sagen, die Größe wäre egal, bis sie jemandem mit einem wirklich kleinen Penis begegnen. Medizinisch ist aber anerkannt, dass ein Kleiner auf Dauer besser funktioniert, weil er weniger Blut für eine Erektion braucht und daher weniger anfällig für Erektionsprobleme ist. Der Experte unterscheidet zwischen dem Blut- und dem Fleischpenis. Was den Kleinen an Länge fehlt, gleichen sie durch Schwellkraft wieder aus, sodass ein Penis, der im schlaffen Zustand besonders klein erscheint, sich im erigierten Zustand mächtig auf mehr als das Doppelte seiner Ruhelänge entwickeln kann.

Diese Wachstumswunder heißen Blutpenis. Die auf den ersten Blick beeindruckenderen Fleischpenisse, zu denen alle über acht Zentimeter im schlaffen Zustand zählen, legen dagegen im Durchschnitt nur um zwei Drittel zu. Dadurch kann ein auf den ersten Blick Kleiner von sechs Zentimetern es schon mal locker auf 15 Zentimeter bringen, mehr erreicht ein neun Zentimeter großer Fleischpenis auch nicht, wenn er sich um zwei Drittel, also sechs Zentimeter, verlängert. Die Sexualforscher Masters und Johnson haben bereits in den siebziger Jahren nachgemessen und festgestellt, dass ein Penis, der 10,7 Zentimeter misst, durch eine Erektion durchschnittlich um 5,5 Zentimeter zulegt, also etwa um 50 Prozent. Ein besonders klein geratener mit nur 7,5 Zentimetern um 120 Prozent auf 16,3 Zentimeter. Ein großer mag also in Natur imposant aussehen, im Ernstfall legt sich das schnell.

Was hat die Nase des Mannes mit seinem Johannes zu tun?

Das Sprichwort »Wie die Nase des Mannes, so auch sein Johannes« könnte von der Nasenäffin stammen. Sie findet Männchen mit einem extra langen Organ im Gesicht so sexy, dass einer mit einer kleinen Nase keine Chance bei ihr hat.

Nach der Traumsprache soll in einer Beziehung alles zum Besten stehen, wenn die Frau von einer Nase träumt, weil die ein Bild für den Penis ist und sie offenbar an dem, was der Besitzer damit anstellt, nichts auszusetzen hat. Anlass zur Sorge soll bestehen, wenn die Gattin von einer Nase träumt, die verletzt oder hässlich ist, weil sie dann mit ihrem Sexualleben nicht zufrieden ist. Wenn dagegen ein Mann von einer Nase träumt, ist das nach den tief schürfenden Erkenntnissen der Traumdeuter ein Zeichen dafür, dass er ein guter Liebhaber ist. Die geträumte Nase darf allerdings nicht die eigene sein, weil das wiederum ein Indiz dafür ist, dass hier nur der Wunsch Vater des Gedanken ist.

An dem Mythos von der Nase und dem Johannes ist aber trotzdem nichts dran. Was auch verwunderlich wäre, weil es in der Volksweisheit ursprünglich nicht um die Geschlechtsteile des Mannes, sondern um die der Frau ging. 1887 hat nämlich der Berliner Arzt Wilhelm Fliess einen Aufsatz geschrieben, das Thema war eine Untersuchung der *Beziehung zwischen Nase und weiblichen Geschlechtsorganen.* Besonders angetan hatte es Fliess dabei der untere Teil des Nasenflügels, der nach seiner Meinung nähere Informationen über die Form der Vagina verbergen sollte.

Das war dem Volksmund wohl nicht symbolisch genug, denn er übertrug die abenteuerliche Behauptung einfach auf die Nase des Mannes und machte daraus ein Phallussymbol. Die amerikanische Sexualforscherin Helen Adams will zwar 100 Jahre später genau das bewiesen haben, was Fliess nie behauptet hat, und legte fest, dass ein Mann mit einer großen, knollenförmigen Nase einen Penis von mindestens 17,5 Zentimetern in erigiertem Zustand besitze. Ein Stiernacken oder eine Schuhgröße mit der Nummer 47 oder mehr weisen nach Adams' Überzeugung ebenfalls auf ein prachtvoll entwickeltes Organ hin. Was fehlt, sind aber die Angaben, wie sie zu ihren Erkenntnissen gekommen ist.

Wesentlich fundierter forschten die koreanischen Wissenschaftler Dr. Jong Cheol Woo und Dr. Nam Cheol Park von der Pusan-National-Universiy, die bei 655 Männern den Zollstock anlegten und dann die Messergebnisse mit denen verschiedener anderer Körperteile verglichen. Neben der Nase interessierte auch die Frage, ob die Penisgröße mit der Länge des ersten, zweiten oder dritten Fingers korreliert oder mit der des ersten, zweiten oder dritten Zehs und schließlich, wie es mit Ohren, Nase, Körpergröße, Gewicht oder dem Ausmaß des verbliebenen Kopfhaares aussieht. Ergebnis: Zwar fanden sich ganz geringe Korrelationen der Penisgröße mit der Körpergröße, dem Körpergewicht und mit der Länge des ersten und dritten Zehs, doch diese reichen nicht aus, um aus äußeren Merkmalen oder der Länge bestimmter Extremitäten irgendwelche Rückschlüsse auf die Penisgröße ziehen zu können.

Eine zwar weniger fundierte, dafür aber mit einer wesentlich größeren Anzahl von Teilnehmern ausgestattete Erhebung findet sich im World Wide Web auf einer Seite mit dem Titel *The Definitive Penis Size Survey*. Dort hat der kanadische Mediziner Richard Edwards per Umfrage Daten von über 3.000 Surfern gesammelt, die ihr bestes Stück vermessen haben und zur Kontrolle auch die Schuhgröße und Nasenlänge angeben mussten. Auch Edwards konnte keine Verbindung zwischen Riechkolben und Penis entdecken.

Die einzige Rolle, die eine Nase nachweislich beim Geschlechtsverkehr spielt, ist die, dass sie anschwillt, weil sie bei Erregung mit Blut voll gepumpt wird. Dadurch wirkt sie größer, womit doch noch ein Zusammenhang zwischen Nase und Johannes ausgemacht wäre: Beide erigieren währenddessen, was aber für große und kleine Nasen gleichermaßen zutrifft. Ein eifriger Forscher hat sogar die Nasentemperatur beim Liebesspiel exakt gemessen und berichtet, dass sie um zwei bis vier Grad Celsius ansteigt.

Entgegen einer weiteren Legende lässt auch die Schuhgröße keine genaueren Angaben darüber zu, wie gut der dazugehörige Mann entwickelt ist. Als zwei Londoner Urologen nachgemessen haben, ermittelten sie Ergebnisse zwischen sechs und 18 Zentimetern Penislänge, das Mittelmaß betrug 13 Zentimeter. Gleichzeitig wurde nach der Schuhgröße gefragt, die im Schnitt bei 43 lag. Ein Zusammenhang ließ sich aber beim besten Willen nicht entdecken.

Vergleichen Männer grundsätzlich ihr bestes Stück?

Falsch ist nachweislich das bei Frauen beliebte Vorurteil, dass Männer grundsätzlich und überall ihren Penis vergleichen. Auf einer Universitätstoilette in den USA haben Forscher nämlich beobachtet, was passiert, wenn Männer gemeinsam Wasser lassen. Dabei hielten auf einer Toilette mit fünf Becken 50 Prozent der Neuankömmlinge grundsätzlich ein Becken Abstand zum Nebenmann, die andere Hälfte bemühte sich sogar um noch mehr Platz. Je dichter die Männer nebeneinander standen, desto länger dauerte es, bis es ihnen kam. Sie begannen später und hörten früher auf, wenn jemand zwei Becken entfernt urinierte, als wenn der nächste Mann drei oder vier Becken weiter stand.

Wie entsteht die Morgenlatte?

Und wenn hier gerade mit den Vorurteilen aufgeräumt wird, nehmen wir uns auch noch ein zweites vor. Jenes, dass das Phänomen der Morgenlatte irgendetwas mit schmutzigen Gedanken zu tun hat und ein erotisches Ereignis ist. Fitness ist gesund, das weiß auch der Körper, und die Erektion am Morgen ist nichts anderes als ein Fitnessprogramm für den Penis, das jede Nacht automatisch absolviert wird, um in Form zu bleiben. Im Schlaf kommt es im Abstand von 90 Minuten zu wiederholten Erektionen mit einer Dauer von 20 bis 50 Minuten, die maximale Gesamtdauer beträgt vier Stunden, und es gehört zum körpereigenen Service, den Penis regelmäßig mit Blut und Sauerstoff zu versorgen, um ihn stets bei guter Laune und topfit zu halten. Die Erektion in der Früh entsteht während der letzten REM-Phase (Rapid eye movement) des Schlafes.

Die Lust am Morgen hat einen anderen Grund. Im Schlaf wird das Hormon Prolaktin ausgeschüttet. Was zu einer erhöhten Testosteronproduktion führt, wodurch der Spiegel dieses Hormons am Morgen um 25 Prozent höher ist als am Abend. Diese Frischzellentherapie stimuliert wiederum das Lustzentrum im Gehirn.

Haben auch Männer ein Jungfernhäutchen?

Ein bisschen am Image kratzt der folgende Beitrag, weshalb hier auch nur beiläufig erwähnt werden soll, dass auch Männer ein Jungfernhäutchen und eine Vagina besitzen. Das Hymen fristet zwar ein völlig nutzloses Dasein neben der Prostatadrüse, aber es existiert. Der Fachmann nennt es »colliculus seminalis«, was so viel wie »Keimhügelchen« bedeutet, die männliche Vagina heißt dagegen korrekt »vagina masculina« und war einmal dazu bestimmt, eine richtige Scheide zu werden, aber daraus ist nichts geworden. Und so ist die männliche Vagina nur ein überflüssiger Gewebeanhang, der vorne an der Blase vor sich hin baumelt.

Hymen und Vagina des Mannes sind Überbleibsel aus jener kurzen Epoche im Mutterleib, als unser Geschlecht noch so unscharf war wie die Fotos vom Ungeheuer von Loch Ness und der Embryo einen zweigeschlechtlichen Phallus hatte: Bei allen, die dazu bestimmt sind, Männer zu werden, bildet er sich zu einem Penis aus, zukünftige Mädchen bekommen eine Klitoris. Lange vor der Geburt verkümmern die Anlagen des unterdrückten Geschlechts und die sexuelle Ausrüstung.

Auch Frauen tragen in ihrem Körper ein Rudiment der Entwicklung zum Mann, das sie nicht brauchen: In ihrer Leiste gibt es eine Art Schiene, in der die Hoden hätten wachsen sollen, wenn aus ihnen ein Mann geworden wäre. Und die Klitoris entwickelt sich im weiblichen Fötus aus denselben Zellen wie der Penis des Mannes. Bei einigen Affenarten in Südamerika ist sie sogar genauso groß, wenn nicht noch größer, als der Penis des Männchens. Schon schwerer zu verdauen ist die Tatsache, dass zu allem Überfluss auch Frauen eine Erektion haben, die die des Mannes wie einen Winzling aussehen lässt. Bei entsprechender Stimulation richtet sich nämlich die Klitoris auf, und die Schwellkörperanlage, die beim Mann für die Penis-Hydraulik verantwortlich und damit die eigentliche Messlatte ist, ist sogar leistungsfähiger als die des Mannes. Was hier aber nicht weiter vertieft werden soll.

Sind schwarze Männer besser ausgestattet?

Schon 1859 schrieb ein Autor namens Robert Stigler: »Der Penis der Neger ist ungewöhnlich groß. Diese Ansicht ist so weit verbreitet, dass sonderbarerweise zum Beispiel nach der Besetzung von Mainz durch schwarze Truppen in einer Zeitung die höchst lächerliche, geradezu masochistisch anmutende Ansicht wiedergegeben wurde, dass die von den Schwarzen genotzüchtigten weißen Frauen schon aus anatomischen Gründen verdorben seien wegen der Dimensionen des Geschlechtsteils des Negers. Der Schreiber meinte offenbar, dass den genotzüchtigten Weibern der kleinere Penis des Weißen in Hinkunft nicht mehr genügend Reiz abgeben werde. Ich kann diese Mitteilungen durchaus nicht bestätigen. Ich habe mehrere Negerinnen gynäkologisch untersucht, es ist mir aber niemals eine besondere Geräumigkeit ihrer Vagina aufgefallen. Jene Mitteilungen sind wohl in das Gebiet der Phantasie zu verweisen.«

Die Sorge des unbekannten Schreiberlings war aber völlig unbegründet. Der kanadische Mediziner Richard Edwards hat inzwischen weltweit nachgemessen und kam dabei zu ganz anderen Ergebnissen, als die Legende wahrhaben will. Nach dieser Erhebung erreichen schwarze Männer zwar im entspannten Zustand die besseren Durchschnittswerte, im erigierten Zustand haben jedoch Nord- und Mitteleuropäer die Eichel vorn. Europäer bringen es zwar nur auf 8,8 Zentimeter Länge im schlaffen Zustand, Männer afrikanischer Abstammung dagegen auf 9,4 Zentimeter. Dafür liegen hellhäutige Männer mit 16,3 Zentimetern erigierter Pracht vor den dunkelhäutigen, die es im Schnitt nur auf 15,5 Zentimeter bringen. Dem folgen Männer hispanischer Abstammung mit knapp 15 Zentimetern. Das Schlusslicht bilden die Ostasiaten (Chinesen, Japaner, Koreaner und Vietnamesen), deren Geschlechtsteil gerade mal 14 Zentimeter misst. Wobei man berücksichtigen muss, dass sie im Verhältnis zur durchschnittlich geringeren Körpergröße gar nicht so schlecht dastehen.

Kann er dabei stecken bleiben?

Immer wieder gerne kolportiert wird eine Gefahr für Leib und Penis, die als gefangener Penis oder lateinisch »Penis captivus« bekannt ist. Dabei stecken angeblich ein Penis und mit ihm sein Besitzer buchstäblich in der Frau fest und können nicht mehr heraus. Wobei der medizinisch korrekte Fachbegriff für dieses Malheur eigentlich »Vaginismus« heißen müsste. Gesehen hat so einen gefangenen Penis zwar noch niemand, doch das tut der Legende keinen Abbruch.

Angeblich kann sich während des Geschlechtsverkehrs die Scheide der Frau so stark zusammenziehen, dass der Penis nicht mehr herauskann und ein herbeigerufener Notarzt das Missgeschick beseitigen muss. Die Schauergeschichte – als ihre Quelle gelten männliche Kastrationsangst und fehlinterpretierte Beobachtungen bei Hunden – wird von einer Männergeneration zur nächsten weitergereicht, samt nützlicher Verhaltensregel: Der Kavalier, so rieten Väter früher ihren Söhnen, trägt eine Stecknadel griffbereit am Revers und pikt sie notfalls seiner Partnerin in den Po, was dann zur gewünschten Befreiung durch Schocktherapie führen soll.

Der erste Bericht über einen Penis in solch trauriger Lage ist ein Artikel des englischen Arztes Sir William Osler, der am 4. Dezember 1884 unter Pseudonym in der *Philadelphia Medical News* erschien. Osler beschreibt darin die näheren Umstände eines Penis captivus in Pentonville, England, musste aber später eingestehen, die Geschichte frei erfunden zu haben.

Auch in *Kellys kleinem Ehebuch*, einem Aufklärungsbestseller aus den sechziger Jahren, wird dem gefangenen Penis Platz eingeräumt: »Kommt glücklicherweise selten vor. Dabei verhindert der Vaginismus das Herausziehen des Gliedes. Bei den Versuchen der Partner, auseinander zu kommen, verstärkt sich der Krampf, weil sich der Schmerz steigert, und die Erektion nimmt infolge der festen Umklammerung zu.« Schon Osler hatte einen Rat dagegen: »Das einzig richtige Verhalten besteht darin, ohne Angst und Aufregung das Abschwellen der Organe abzuwarten – eine schwere Forderung in einer solchen Lage, aber das einzige wirksame Mittel.«

Im *Lehrbuch der Gynäkologie*, einem Standardwerk der studentischen Ausbildung bis in die siebziger Jahre hinein, verfasst vom Berliner Geheimrat und Frauenarzt Walter Stoeckel, ist auch Näheres über die Gründe für Vaginismus nachzulesen. Sie lauten: »unerlaubter, heimlich praktizierter Geschlechtsverkehr – im Gebüsch, beim Stehen im Hausflur«, was »zu einem Krampf der weiblichen Beckenmuskulatur« führen könne. Dann sei es um den Penis geschehen, und nichts helfe ihm mehr aus der Klemme. Als erste Hilfe empfahl der Geheimrat Narkose bei der Dame: »Auch dann ist es oft noch schwer und manchmal nur durch gewaltsame Einführung eines Fingers möglich, den dick geschwollenen, dunkelvioletten Penis aus seiner Gefangenschaft zu befreien.«

Befreit worden ist so ein Penis freilich noch nie – weil die ganzen Geschichten von den bedrückten Verhältnissen frei erfunden sind. Vaginismus kommt bei Frauen zwar durch eine Verkrampfung der Beckenbodenmuskulatur recht häufig vor, dauert in der Regel aber immer nur Sekunden oder allenfalls Minuten. Bis Hilfe da ist, dürfte sich die Lage also schon entspannt haben.

Wolfgang Hars

Männer wollen nur das Eine und Frauen reden sowieso zu viel

Eine Faktensammlung

Band 15695

Sind Männer intelligenter als Frauen? Können Frauen rechts und links nicht auseinanderhalten? Sind Frauen eifersüchtiger als Männer? Wollen Männer immer nur das Eine? Fragt ein Mann nie nach dem Weg? Sind Blondinen dumm? Erben Söhne ihre Intelligenz vom Vater? Wolfgang Hars klärt auf!

»Die Ergebnisse seiner Recherche stehen jetzt in einem Buch, das klein genug ist, um es in der Jackentasche zu tragen, und unterhaltsam genug, um in der Kneipe daraus vorzulesen.«
Der Spiegel

Fischer Taschenbuch Verlag

fi 15695 / 1

Wolfgang Hars

Lurchi, Klementine & Co.

Unsere Reklamehelden und ihre Geschichten

Band 15074

Wie wurde die Milka-Kuh eigentlich lila? Warum wurden bei Karin Sommer die Kaffeetassen immer nur halb ausgetrunken? Wie kamen die Löcher in die Sohlen des Camel-Manns? Warum hat der Marlboro-Cowboy bis heute keine Frau abbekommen? Und was wurde aus den Afri-Cola-Nonnen?

Fragen über Fragen – hier sind die Antworten!

Fischer Taschenbuch Verlag

fi 15074 / 1

Florian Illies

Generation Golf

Eine Inspektion

Band 15065

Mir geht es gut. Ich sitze in der warmen Badewanne, und zwischen meinen Knien schwimmt das braune Seeräuberschiff von Playmobil. Nachher schaue ich »Wetten, daß ...?« mit Frank Elstner, dazu gibt es Erdnußflips. Niemals wieder hatte ich in späteren Jahren solch ein sicheres Gefühl, zu einem bestimmten Zeitpunkt genau das Richtige zu tun.

»Dieses Buch ist wahr.«
Schlitzer Bote

»Illies ist ein Erinnerungsjunkie
und Geschichtsverdreher.«
Welt am Sonntag

»Kein Wunder, daß über kaum ein Buch mehr
geredet wird.«
Süddeutsche Zeitung

»Ein Skandal.«
Hamburger Abendblatt

Fischer Taschenbuch Verlag

fi 15065 / 1